a questão judaica contemporânea

coordenação **breno isaac benedykt**

curadoria **lia vainer schucman**
breno isaac benedykt
sergio kon
gita k. guinsburg

Títulos do original: ***Réflexions sur la question juive*** e "Orphée Noir"

colaboração **manoela miklos**

equipe de realização
revisão da tradução e edição de texto **adriano c.a. e sousa**
coordenação textual **luiz henrique soares** e **elen durando**
projeto gráfico **sergio kon**
produção **ricardo w. neves** e **sergio kon**

CIP-Brasil. Catalogação na Publicação
Sindicato Nacional dos Editores de Livros, RJ

S261r
Sartre, Jean-Paul, 1905-1980
Reflexões sobre o racismo : reflexões sobre a questão judaica ; Orfeu negro / Jean-Paul Sartre ; tradução J. Guinsburg ; prefácio Lia Vainer Schucman. - 1. ed. - São Paulo : Perspectiva : IBI, 2025.
200 p. ; 21 cm. (A questão judaica contemporânea ; 1)

Tradução de: Réflexions sur la question juive e Orphée noir
ISBN 978-65-5505-259-6

1. Racismo. 2. Discriminação racial. 3. Antissemitismo. 4. Judeus. 5. Negros. I. Guinsburg, J. II. Schucman, Lia Vainer. III. Instituto Brasil-Israel. IV. Título. V. Série.

25-99609.3 CDD: 305.89
CDU: 316.647.82

Carla Rosa Martins Gonçalves - Bibliotecária - CRB-7/4782
01/08/2025 05/08/2025

Esta coleção contou com o patrocínio do
INSTITUTO BRASIL-ISRAEL

2ª edição revista

praça dom josé gaspar, 134, cj. 111.
01047-912 são paulo sp brasil
tel: (11) 3885-8388 – 9 2456-8699
www.editoraperspectiva.com.br
2025

REFLEXÕES SOBRE O RACISMO

REFLEXÕES SOBRE A QUESTÃO JUDAICA
ORFEU NEGRO

JEAN-PAUL SARTRE

j. guinsburg
tradução

lia vainer schucman
prefácio

Instituto Brasil-Israel

PERSPECTIVA

sumário

prefácio à edição brasileira 9
[lia vainer schucman]

reflexões sobre a questão judaica 19

orfeu negro 143

prefácio à edição brasileira

lia vainer schucman[1]

"Se o judeu não existisse, o antissemita o inventaria." Essa frase, pequena em extensão, mas grande em implicações, resume o cerne do pensamento que Jean-Paul Sartre desenvolve em *Reflexões Sobre a Questão Judaica* e, de modo complementar, em "Orfeu Negro". Escritos em momentos distintos, mas convergentes na crítica à dominação racial e à negação da humanidade, os dois ensaios reunidos nesta reedição constituem uma inversão filosófica e política nos estudos sobre o racismo: refletir sobre o racista.

Publicado originalmente em 1946 (embora escrito em outubro de 1944), *Reflexões Sobre a Questão Judaica* constitui uma intervenção filosófica situada

1 Professora do Departamento de Psicologia da Universidade Federal de Santa Catarina (UFSC).

no contexto imediato do pós-Holocausto e da ocupação nazista na França, propondo uma análise crítica do antissemitismo ainda profundamente enraizado na sociedade francesa da época. Já o texto "Orfeu Negro" (1948), realiza uma interpretação do movimento da negritude francófona por meio da obra poética de Aimé Césaire e Léopold Senghor, inserindo a crítica ao racismo antinegro no horizonte conceitual do existencialismo sartriano e estabelecendo uma articulação entre estética, identidade e liberdade.

Ambos os textos compartilham uma operação filosófica decisiva: deslocar o olhar da vítima do ódio racial para o racista. Sartre não se detém nas experiências das pessoas racializadas como objeto de estudo ou de compaixão, mas procura desvelar os mecanismos internos – psíquicos, ideológicos e sociais – da consciência de quem odeia. O racismo, mostra Sartre, não reside em nenhuma essência do outro, mas é uma produção do sujeito racista, que, em sua má-fé, projeta no outro aquilo que se recusa a reconhecer em si mesmo: o medo, a angústia, a impotência diante da liberdade alheia. Sartre demonstra a forma pela qual o ódio racial não é uma reação a uma diferença objetiva, mas um esforço ativo para construir essa diferença e, com isso, justificar uma estrutura de dominação. A homogeneização forçada, a essencialização e a fetichização da alteridade são, portanto, efeitos do próprio racismo, e não suas causas. O racista, ao projetar no outro o mal, absolve-se de si mesmo, renuncia à reflexão crítica e escolhe a má-fé como forma de existência. Essa análise, situada no contexto europeu do pós-guerra, extrapola os limites do antissemitismo francês e lança luz sobre o funcionamento estrutural de todo racismo.

É justamente essa capacidade de transposição analítica que torna os textos sartrianos particularmente fecundos no Brasil contemporâneo. Aqui, onde o racismo antinegro continua operando como sistema de exclusão, morte e marginalização, o pensamento de Sartre oferece chaves interpretativas para desvelar as raízes dessa violência. O genocídio da juventude negra, o encarceramento em massa, a permanente suspeição lançada sobre corpos negros – tudo isso aponta para a persistência de uma lógica de desumanização que nega à população negra o direito à existência plena.

Em "Orfeu Negro", prefácio escrito para a *Anthologie de la nouvelle poésie nègre et malgache de langue française*, organizada por Léopold Sédar Senghor e publicada em 1948, Sartre oferece uma leitura comprometida com as implicações políticas e existenciais do movimento da Negritude. A antologia reúne poemas de autores negros da África e do Caribe francófonos e foi lançada por ocasião do centenário da Revolução de 1848, data simbólica que marcou, entre outros acontecimentos, a abolição definitiva da escravidão nas colônias francesas. Ao analisar especialmente a poesia de Aimé Césaire e do próprio Senghor, Sartre reconhece na Negritude um movimento dialético de resistência, cujos desdobramentos permanecem operantes nas lutas antirracistas contemporâneas. A raça, originalmente concebida como construção ideológica a serviço da dominação colonial, é ressignificada como instrumento de libertação. Na perspectiva sartriana, a Negritude não representa um essencialismo identitário, mas um gesto estratégico e provisório: uma afirmação necessária para confrontar a negação colonial e romper com os mecanismos de subalternização que historicamente definiram a existência negra pós-colonização. Ao apropriar-se das suas matrizes culturais e simbólicas, o sujeito negro desloca o modelo imposto pelo colonizador e inaugura novas possibilidades identificatórias e de reinvenção do ser. Nesse processo, a raça deixa de operar exclusivamente como tecnologia de opressão para se tornar uma possibilidade de insurgência subjetiva e de reconfiguração radical da humanidade.

No Brasil, essa operação se reinventa cotidianamente nos espaços de resistência negra: nos terreiros de candomblé, nos blocos de axé, nos saraus das periferias, nas escolas de samba, nos quilombos urbanos e nos movimentos afrofuturistas. A estética negra, aqui, é profundamente política. Ela ressignifica o corpo, a memória e a história, constituindo uma contraofensiva existencial ao racismo estrutural. Como anunciou Guerreiro Ramos, ela transforma o "negro-tema" em "negro-vida", tornando o ser negro um ponto de partida para a elaboração de um novo horizonte de liberdade.

Em uma das passagens mais contundentes de "Orfeu Negro", Jean-Paul Sartre subverte a lógica colonial do olhar ao descrever o momento em que os sujeitos negros, outrora silenciados e objetificados, se erguem e devolvem o olhar ao colonizador. "Ei-los em pé. Homens que nos olham. Faço votos para que vocês sintam como eu a comoção de ser visto", escreve Sartre, anunciando não apenas uma ruptura simbólica com a história da subjugação, mas também a exposição de um lugar que até então se pretendia neutro e invisível: o do branco. Pela primeira vez, o sujeito branco é visto, e não como o olhar universal ou a instância que define, mas como figura histórica, marcada, situada e exposta em sua violência. Sartre descreve que "o branco desfrutou durante três mil anos o privilégio de ver sem ser visto", operando como luz e medida do mundo, enquanto mantinha o outro na sombra. Agora, com "tochas negras iluminando o mundo", o branco é devolvido à condição de objeto do olhar e é forçado a encarar seu papel na produção da barbárie. Esse texto antecipa, de forma pioneira, aquilo que os estudos críticos da branquitude elaboraram como tarefa: deslocar o branco do lugar da norma silenciosa e evidenciar a branquitude como ideologia de dominação, expropriação e destituição do outro. Ao reverter o olhar, Sartre questiona os fundamentos da neutralidade racial e demonstra os mecanismos pelos quais o privilégio se naturaliza e se perpetua.

Ao entrelaçar as análises desenvolvidas em *Reflexões Sobre a Questão Judaica* e "Orfeu Negro", torna-se evidente que Sartre aponta para uma crítica profunda à concepção ocidental de universalidade, tal como formulada a partir de uma imagem normativa: a do homem branco europeu. Tanto o judeu quanto o negro, em suas respectivas experiências de marginalização no Ocidente, revelam que essa pretensa universalidade repousa sobre a exclusão sistemática das alteridades. Sartre desvela como o judeu foi construído como o "outro absoluto" pelo antissemitismo europeu, não por alguma diferença intrínseca, mas para sustentar uma identidade nacional e civilizatória que se pretendia homogênea. Já em "Orfeu Negro", ao discutir a Negritude como resposta poética e filosófica à colonialidade, ele reconhece no negro uma subjetividade que, ao afirmar-se a partir de suas matrizes culturais, desestabiliza a noção europeia de homem. É nesse ponto que Sartre declara que "o homem não existe", recusando qualquer essência universal que preceda a experiência histórica e situada do sujeito. O que existe são sujeitos concretos, atravessados por sua condição histórica Sartre, ao demonstrar esses processos, convida à desconstrução dessa falsa universalidade e à construção de uma nova, fundada na pluralidade das experiências humanas e na liberdade como princípio radical.

Quase oitenta anos depois da primeira edição do livro, é possível afirmar que vivemos um momento histórico marcado pela intensificação dos discursos de ódio, pela disseminação de práticas autoritárias e pelo ressurgimento de ideologias supremacistas em diversas partes do mundo. Entre os muitos sintomas desse cenário, destacam-se o aumento da hostilidade contra imigrantes, a desumanização sistemática de palestinos, a perseguição a pessoas trans, o avanço da LGBTQIA+fobia, a islamofobia crescente e, também, o recrudescimento do antissemitismo. Todos esses fenômenos se alimentam da proliferação de discursos que fabricam inimigos simbólicos – internos e externos – para justificar políticas de ódio. No caso específico do antissemitismo, tem-se observado uma acusação indevida e coletiva: judeus em diferentes partes do mundo

– independentemente de sua nacionalidade, posição política ou relação com o Estado de Israel – vêm sendo acusados pelos crimes de guerra e pelas catástrofes humanitárias perpetradas pelo atual governo de extrema-direita de Israel na Faixa de Gaza. A acusação coletiva repete as mesmas lógicas persecutórias que sustentaram, historicamente, o antissemitismo.

Contudo, rejeitar o antissemitismo não implica relativizar ou silenciar diante do supremacismo presente em setores da política israelense contemporânea, sobretudo em suas manifestações, racialmente hierarquizadas e militarizadas contra o povo palestino. A crítica ética e política deve ser dirigida a toda forma de supremacia e racismo. A leitura existencialista proposta por Sartre, ao recusar qualquer essencialização do ser ou das posições sociais, nos oferece uma chave para pensar o lugar dos sujeitos e dos grupos na história: não há identidades fixas de oprimido e opressor. Um mesmo grupo pode ocupar simultaneamente pólos opostos de opressão e subalternidade, dependendo das relações geopolíticas, das alianças estatais e das situações concretas de poder. Reconhecer isso recusa absolvições automáticas com base na identidade e exige a responsabilização política por atos concretos, quaisquer que sejam seus autores.

A reedição desta obra em 2025, portanto, não é apenas a reedição de um clássico, mas um ato político e intelectual necessário para pensar as novas formas de ódio que se reconfiguram no presente. O diagnóstico que Sartre faz do racista – como sujeito que submete a razão à confirmação de preconceitos já cristalizados, cuja concepção de mundo é pré-lógica, impermeável à experiência e ao confronto com a alteridade – permite compreender não apenas o racismo em si, mas a lógica mais ampla de todo pensamento autoritário. A estrutura descrita por Sartre, na qual o outro é fixado como essência do mal, como inimigo ontológico, continua operando. O antissemita, diz ele, não busca a verdade: ele já a possui, ou melhor, se recusa a buscá-la, porque está comprometido com um sistema mágico de crenças, no qual o outro é concebido como portador irredutível de uma essência ameaçadora. Ao compreendermos que essa estrutura mental antecede e justifica as ações violentas, vemos que o verdadeiro perigo reside tanto nos atos como no modo de pensar que os torna possíveis.

Encerrando esta apresentação, gostaria de deixar ao leitor um convite: que a leitura não se esgote na recepção passiva de dois textos consagrados, mas se transforme em provocação crítica, em impulso para novas interpretações e confrontos. Acredito que a força de *Reflexões Sobre a Questão Judaica* e "Orfeu Negro" está menos em oferecer respostas fechadas do que em abrir caminhos para pensar – e repensar – os dilemas do nosso tempo. É também importante lembrar que ambos os ensaios foram, desde sua publicação, objeto de intensos debates entre intelectuais judeus e negros, gerando recepções plurais e, em muitos casos, críticas contundentes. A formulação de Sartre segundo a qual a identidade judaica seria uma "identidade em situação", forjada no interior da experiência do antissemitismo, foi recusada por diversos pensadores judeus, que a identificaram como uma redução da historicidade própria e da agência política da vivência judaica. Da mesma forma, a leitura da Negritude como "momento" dialético – uma afirmação transitória na lógica da negação da negação – foi alvo de objeções significativas por intelectuais negros que alertaram que reduzir a Negritude a uma etapa superável ainda mantinha o olhar branco-europeu como horizonte final da subjetivação. Esses debates seguem vivos e relevantes no século XXI, e é justamente essa vitalidade que torna a reedição desta obra oportuna. Não se trata aqui de consagrar um pensamento, mas de recolocá-lo em circulação crítica, para que possa ser lido, tensionado e reinventado à luz das urgências do presente. Espero, com esta nova publicação, ver surgir outras vozes, outros olhares, outras leituras – capazes de retomar, ampliar ou até mesmo recusar Sartre, mas sempre no exercício de pensar, com coragem, os caminhos possíveis para uma humanidade que ainda precisa ser reinventada.

reflexões
sobre a questão judaica

1

Se um homem atribui, no total ou em parte, os infortúnios de seu país ou os seus próprios à presença de elementos judaicos na comunidade, se propõe remediar tal estado de coisas privando os judeus de alguns de seus direitos ou afastando-os de certas funções econômicas e sociais ou expulsando-os do território, ou exterminando-os a todos, diz-se que alimenta *opiniões* antissemitas.

A palavra "opinião" dá o que pensar... É a mesma que a dona de casa emprega a fim de encerrar uma discussão prestes a azedar. Sugere que todos os pareceres são equivalentes, tranquiliza e infunde aos pensamentos uma feição inofensiva, assimilando-os aos gostos. Todos os gostos ocorrem na Natureza, todas as opiniões são permitidas; gostos, cores e opiniões não se discutem. Em nome das instituições democráticas, em nome da liberdade de opinião, o antissemita reivindica o direito de pregar por toda parte a cruzada antijudaica. Ao mesmo tempo, habituados como estamos desde a Revolução Francesa a examinar cada objeto com espírito analítico, isto é, à maneira de um composto que se pode separar em seus elementos, encaramos as pessoas e caracteres como mosaicos em que cada pedra coexiste com as outras sem que tal coexistência afete sua natureza. Dessa forma, a opinião antissemita se nos afigura uma molécula capaz de entrar em combinação, sem alterar-se, com quaisquer outras moléculas. Um homem pode ser bom pai e bom marido, cidadão dedicado, amante das letras, filantropo *e*, apesar disso, antissemita. Pode gostar da pesca e dos prazeres do amor, ser tolerante em matéria de religião, estar repleto de ideias generosas sobre a condição dos indígenas da África Central *e*, apesar disso, detestar os judeus. Se não os aprecia, dizem, é porque sua experiência lhe revelou que eram maus, porque as estatísticas lhe informaram que eram perigosos, porque certos fatores históricos influíram em seu juízo. Assim, essa opinião parece efeito de causas exteriores e os que desejam estudá-la negligenciarão a própria pessoa do antissemita, para levar em conta a percentagem dos judeus mobilizados em 1914, a percentagem dos judeus banqueiros, industriais, médicos, advogados e a história dos judeus na França desde as origens. Chegarão a desvendar uma situação rigorosamente objetiva que determina certa corrente de opinião igualmente objetiva, denominada antissemitismo, cujo mapa poderão traçar ou cujas variações entre 1870 e 1944 poderão estabelecer. Desse modo, o antissemitismo parece ser ao mesmo tempo um gosto subjetivo que se compõe com outros gostos a fim de formar a pessoa e um fenômeno impessoal e social capaz de expressar-se por algarismos e médias, condicionado por constantes econômicas, históricas e políticas.

Não digo que as duas concepções sejam necessariamente contraditórias. Digo que são perigosas e falsas. Admitiria, a rigor, que se tenha uma opinião sobre a política vinícola do governo, isto é, que nos decidamos, *baseados em razões*, a aprovar ou combater a livre importação de vinhos da Argélia: trata-se então de dar parecer sobre a administração das coisas. Mas recuso-me a chamar de opinião uma doutrina que visa expressamente determinadas pessoas e tende a suprimir seus direitos ou a extermina-las. O judeu, que o antissemita deseja atingir, não é um ser esquemático e definido apenas por sua função, como no Direito Administrativo; por sua situação ou por seus atos, segundo o Código. É um judeu, filho de judeus, reconhecível por seu físico, pela cor dos cabelos, talvez por suas roupas e, segundo dizem, seu caráter. O antissemitismo não entra na categoria dos pensamentos protegidos pelo direito à livre opinião.

Ademais, é coisa que difere muito de um pensamento. É antes de tudo uma *paixão*. Pode certamente apresentar-se sob forma de proposição teórica. O antissemita "moderado" é um homem cortês que nos dirá suavemente: "De minha parte, eu não detesto os judeus. Julgo simplesmente preferível, por esta ou aquela razão, que tomem parte reduzida na atividade da nação." Mas logo em seguida, se conquistamos a sua confiança, acrescentará com maior distração: "Veja, deve haver *algo* nos judeus: eles me incomodam fisicamente." Tal argumento, que ouvi centenas de vezes é digno de exame. Em primeiro lugar, procede da lógica passional. Pois, então, seria possível imaginar alguém que afirmasse seriamente: "Deve haver algo no tomate, pois sinto horror de comê-lo." Além disso, mostra-nos que o antissemitismo, sob suas formas mais atenuadas, mais evoluídas, permanece uma totalidade sincrética que se expressa por meio de discursos com uma feição razoável, mas suscetível de levar até a modificações corporais. Certos homens são tomados de súbita impotência se ficam sabendo que a mulher com quem dormem é judia. Há em certa gente o asco ao judeu, assim como há o asco ao chinês ou ao negro. E essa repugnância não nasce do corpo, pois se pode amar perfeitamente uma judia, caso se ignore sua raça; tal repulsa chega ao corpo pelo espírito, é um compromisso da alma, mas tão profundo e tão completo que se estende ao fisiológico, como sucede na histeria.

Esse compromisso não é provocado pela experiência. Inquiri centenas de pessoas sobre as razões de seu antissemitismo. A maioria se limitou a enumerar os defeitos que a tradição atribui aos judeus. "Eu os odeio porque são interesseiros, intriguistas, pegajosos, viscosos, sem tato etc." – "Mas, ao menos, você se dá com algum?" – "Ah, nessa eu não cairia!" Um pintor me disse: "Não gosto dos judeus porque, com seu hábito de criticar, encorajam nossos criados à indisciplina." Eis algumas experiências mais precisas. Um jovem ator sem talento pretende que os judeus o impediram de fazer carreira no teatro, relegando-o sempre a papéis secundários. Certa jovem me disse: "Tive brigas insuportáveis com os peleteiros; eles me roubaram, queimaram a pele que eu lhes confiara. Pois bem, eram todos judeus." Mas por que ela optou por odiar os judeus mais do que os peleteiros? E por que os judeus ou os peleteiros mais do que tal judeu ou tal peleteiro em particular? Porque trazia dentro de si uma predisposição para o antissemitismo. No liceu, um colega me declarou que os judeus "o irritam" por causa das mil injustiças que os corpos sociais "judaizados" cometem em favor deles. "Um judeu passou na *agrégation* no ano em que 'tomei bomba' e você não vai me convencer que esse tipo, cujo pai veio de Cracóvia ou de Lviv, compreendia melhor do que eu um poema de Ronsard ou uma écloga de Virgílio." Mas, por outro lado, confessa que despreza o título, que isso "é um negócio confuso" e que não estava preparado para o concurso. Dispõe, pois, para explicar seu malogro, de dois sistemas de interpretação, como esses loucos que, levados por seu delírio, declaram ser reis da Hungria e que, se a gente os interroga bruscamente, confessam que são sapateiros. Seu pensamento move-se em dois planos, sem que o fato lhe cause o menor incômodo. Melhor ainda, irá ocorrer-lhe justificar sua preguiça última com a alegação de que seria realmente uma enorme besteira preparar-se para um exame onde se aprovam os judeus de preferência aos bons franceses. Aliás, vinha em 27º lugar na lista definitiva. Precediam-no 26, doze aprovados e quatorze reprovados.

Se excluíssem os judeus do concurso, teria melhorado de classificação? E mesmo que fosse o primeiro dos não admitidos, mesmo que, eliminando um dos candidatos acolhidos, tivesse a oportunidade de ser escolhido, por que se deveria excluir o judeu Weil e não o normando Mathieu ou o bretão Arzell? Para que meu colega se indignasse, era preciso que houvesse adotado de antemão determinada ideia sobre o judeu, sua natureza e seu papel social. E para que resolvesse que, entre 26 concorrentes mais afortunados do que ele, fora o judeu que lhe roubara o lugar, era necessário que houvesse concedido *a priori*, na conduta de sua vida, a preferência aos raciocínios passionais. Longe de a experiência engendrar a noção de judeu, é esta, ao contrário, que ilumina a experiência: se o judeu não existisse, o antissemita iria inventá-lo.

Seja, alguém dirá; mas, à falta de experiências, não cumpre admitir que o antissemitismo se explica por certos dados históricos? Pois, afinal, ele não nasceu do vento. Seria fácil responder que a história da França nada ensina a respeito dos judeus: foram oprimidos até 1789; em seguida, participaram como puderam na vida da nação, sem dúvida, aproveitando a livre concorrência a fim de ocupar o lugar dos fracos, porém, nem mais nem menos do que outros franceses; não cometeram crime contra a França, nem qualquer traição. E caso se pensou estabelecer que o total de soldados judeus era, em 1914, inferior ao que devia ser, foi porque se teve a curiosidade de consultar as estatísticas, pois não se trata de um desses fatos que impressionam por si só os espíritos e nenhum mobilizado pôde de iniciativa própria espantar-se porque não avistava um israelita no estreito setor que constituía seu universo. Mas como, no final das contas, as informações que a história nos proporciona sobre o papel de Israel dependem essencialmente das concepções da história, mais vale, creio eu, tomar emprestado a um país estrangeiro um exemplo manifesto de "traição judaica" e calcular as eventuais repercussões de tal traição sobre o antissemitismo contemporâneo. Durante as revoltas polonesas que ensanguentaram o século XIX, os judeus de Varsóvia, que os tsares poupavam por política, manifestaram muita tibieza no tocante aos revoltosos; por isso, como não participaram das insurreições, puderam manter e mesmo aumentar o montante de seus negócios num país arruinado pela repressão. Ignoro se o fato é verdadeiro. O certo é que muitos poloneses o consideram e esse "dado histórico" não contribui pouco para indispô-los contra os judeus. Porém, ao examinar as coisas mais de perto, descubro um círculo vicioso: os tsares, dizem, não tratavam mal os israelitas da Polônia, enquanto ordenavam de bom grado *pogroms* contra os da Rússia. Tais procedimentos tão diferentes obedeciam à mesma causa: o governo russo considerara os judeus, tanto na Rússia como na Polônia, inassimiláveis e, segundo os ditames de sua política, mandava chaciná-los em Moscou ou em Kiev, porque ameaçavam enfraquecer o império moscovita; favorecia-os em Varsóvia a fim de alimentar a discórdia entre os poloneses. Estes, ao contrário, só manifestavam ódio e desprezo pelos judeus da Polônia, mas a razão era idêntica: para eles, Israel não podia integrar-se à coletividade. Tratados como judeus pelo tsar e pelos poloneses, providos, contra sua vontade, de interesses judeus no seio de uma comunidade estrangeira, por que se espantar se esses minoritários agiram de acordo com a representação que deles se fazia? Em outros termos, o essencial, no caso, não é o "dado histórico", porém a ideia que os agentes da história nutriam a respeito do judeu. E se os poloneses de hoje guardam rancor aos israelitas por sua conduta passada, incita-os a tanto a mesma ideia: para que se pense em reprovar aos netos os erros dos avós, é necessário, primeiramente, ter um senso muito primitivo das responsabilidades. Mas isso não basta: cumpre também fazer certa concepção dos filhos segundo o que foram os avós; deve-se crer que os mais novos são capazes de praticar o que os mais velhos praticaram; é preciso ser persuadido de que o caráter judeu é hereditário. Assim, os poloneses de 1940 tratavam os israelitas como *judeus*, porque seus antepassados de 1848 comportaram-se do mesmo modo com seus contemporâneos. Em outras circunstâncias, talvez esta representação tradicional dispusesse os judeus de hoje a atuar como os de 1848. Portanto, a *ideia* que se faz de um judeu parece determinar a história, e não é o "dado histórico" que engendra a ideia. E como também se fala de "dados sociais", observemo-los melhor e nos encontraremos no mesmo círculo: há advogados judeus em demasia, dizem-no. Mas alguém se queixa de um excesso de advogados normandos? Mesmo que todos os bretões fossem médicos, não nos limitaríamos a declarar que "a Bretanha fornece médicos à França inteira"? "Ah!, irão replicar, não é a mesma coisa." Sem dúvida, mas é, precisamente, porque consideramos os normandos como normandos e os judeus como judeus. Dessa forma, para qualquer lado que nos voltemos, *a ideia de judeu* surge como o essencial.

Torna-se evidente para nós que nenhum fator externo pode incutir no antissemita o seu antissemitismo. O antissemitismo é uma livre e total escolha de si mesmo, uma atitude global que alguém adota não só em face dos judeus, mas também dos homens em geral, da história e da sociedade; é, a um só tempo, uma paixão e uma concepção do mundo. Sem dúvida, em determinado antissemita, certos caracteres serão mais acentuados do que em outro. Porém, sempre se encontram todos ao mesmo tempo presentes e se determinam uns aos outros. É essa totalidade sincrética que tentaremos agora descrever.

Apontei, há pouco, que o antissemitismo se apresenta como uma paixão. Todo mundo compreendeu que se trata de uma afecção de ódio ou de cólera. Mas, comumente, o ódio e a cólera são *solicitados*: odeio quem me faz sofrer, quem me desdenha ou me insulta. Acabamos de verificar que a paixão antissemita não poderia ter esse caráter: ela se antecipa aos fatos que deveriam suscitá-la, vai procurá-los a fim de se alimentar deles, deve até interpretá-los à sua maneira para se tornarem verdadeiramente ofensivos. No entanto, quando falamos do judeu ao antissemita, este externa todos os sinais de uma viva irritação. Aliás, se nos lembrarmos de que devemos sempre *consentir* a cólera para que ela possa manifestar-se e que, segundo a expressão tão precisa, a gente *se toma* de raiva, teremos de convir que o antissemita *escolheu* viver no modo apaixonado. Não raro opta-se por uma vida apaixonada em vez de uma vida racional. Mas é porque comumente amamos os *objetos* da paixão: as mulheres, a glória, o poder, o dinheiro. Como o antissemita elegeu o ódio, somos obrigados a concluir que ele ama o *estado* apaixonado. É comum que tal gênero de afecção agrade pouco: quem deseja apaixonadamente uma mulher está apaixonado por causa da mulher e a despeito da paixão; desconfiamos dos raciocínios passionais, que procuram demonstrar por todos os meios opiniões ditadas pelo amor, por ciúme ou ódio; desconfiamos dos extravios passionais e daquilo que se chamou o monoideísmo. O antissemita, ao contrário, escolhe isso em primeiro lugar. Mas como pode alguém escolher o raciocinar falsamente? É porque nutre a nostalgia da impermeabilidade. O homem sensato busca gemendo, sabe que seus raciocínios são apenas prováveis, que outras considerações hão de pô-los em dúvida; nunca sabe muito bem aonde vai; está "aberto", pode passar por vacilante. Mas há pessoas que sentem atração pela permanência da pedra. Querem ser maciças e impenetráveis, não querem mudar: aonde as conduzirá a mudança? Trata-se de um temor original de si próprio e de um temor da verdade. E o que as amedronta não é o conteúdo da verdade, que nem sequer suspeitam, porém a própria forma do verdadeiro, objeto de indefinida aproximação. É como se suas próprias existências estivessem eternamente em *sursis*. Mas desejam existir ao mesmo tempo e de imediato. Não desejam opiniões adquiridas, querem-nas inatas; como têm medo do raciocínio, querem adotar um modo de vida em que o raciocínio e a busca exerçam tão somente um papel subordinado, em que jamais se procure exceto aquilo que já se encontrou, em que a gente só se torne aquilo que já era. E para tanto só há a paixão. Apenas uma forte prevenção sentimental pode dar uma certeza fulgurante, apenas ela pode manter o raciocínio à margem, apenas ela pode permanecer impermeável à experiência e subsistir durante uma vida inteira. O antissemita escolheu o ódio porque o ódio é uma fé; escolheu originalmente desvalorizar as palavras e as razões. Uma vez que agora fica à vontade e lhe parecem fúteis e levianas as discussões sobre os direitos do judeu, ele se situou de pronto em outro terreno. Se concorda, por cortesia, em defender por um instante o seu ponto de vista, presta-se a isso, mas não se empenha: tenta simplesmente projetar sua certeza intuitiva sobre o plano do discurso. Citei, há pouco, algumas "palavras" de antissemitas, todas absurdas: "Detesto os judeus porque ensinam a indisciplina aos criados, porque um peleteiro judeu me roubou etc." Não acreditem que os antissemitas menosprezem inteiramente a absurdidade dessas respostas. Sabem que seus discursos são levianos, contestáveis, mas divertem-se com eles: ao adversário é que incumbe usar seriamente as palavras, pois acredita nas palavras; os antissemitas têm *o direito* de brincar. Gostam mesmo de brincar com o discurso, visto que, dando razões chistosas, atiram o descrédito sobre a seriedade do interlocutor; deliciam-se com a má-fé, pois visam, não persuadir mediante bons argumentos, porém intimidar ou desnortear. Se os pressionamos de forma demasiado perspicaz, fecham-se, comunicam-nos com uma frase altiva que já passou o tempo dos argumentos; não é que temam ser convencidos: temem apenas parecer ridículos ou que seu embaraço provoque efeito ruim em um terceiro a quem desejam atrair para a causa.

Se, portanto, o antissemita é, como se verificou, impermeável às razões e à experiência, não é porque sua convicção seja forte; antes, sua convicção é forte porque escolheu primeiro ser impermeável.

Escolheu também ser terrível. Receia-se irritá-lo. Ninguém sabe a que extremos o levarão os desvarios de sua paixão, mas ele o sabe: pois essa paixão não vem de fora. O antissemita a tem inteiramente em mãos, conduzindo-a exatamente como quer, ora solta a brida, ora puxa as rédeas. Não teme a si próprio: mas lê nos olhos de outrem uma imagem perturbadora, que é a sua, e conforma as palavras e os gestos a tal imagem. Esse modelo exterior dispensa-o de procurar sua personalidade dentro de si mesmo; escolheu ser totalmente externo, jamais voltar-se para dentro de si, não ser senão o medo que causa aos outros: ainda mais do que da razão, foge da consciência íntima que tem de si próprio. Mas, alguém dirá, se procedesse assim tão somente com respeito aos judeus? E se, no restante, ele se comportasse com bom senso? Respondo que é impossível: é o caso de um pescador que, em 1942, enfurecido com a concorrência de dois pescadores judeus que dissimulavam sua raça, tomou um belo dia a pena e os denunciou. Apesar disso, asseguraram-me que era brando e jovial, o melhor filho do mundo. Mas não o creio: um homem que considera natural delatar os outros não pode ter nossa concepção do humano; não vê com nossos olhos mesmo aqueles de que se torna benfeitor; sua generosidade, sua brandura, não se assemelham à nossa brandura, à nossa generosidade; não se pode circunscrever a paixão.

O antissemita reconhece de bom grado que o judeu é inteligente e trabalhador; irá confessar-se até inferior a ele sob esse aspecto. Tal concessão não lhe custa muito: pôs essas qualidades entre parêntesis. Ou melhor, elas auferem seu valor de quem as possui: quanto maior as virtudes do judeu, mais perigoso será. No que diz respeito ao antissemita, não alimenta ilusões acerca do que é. Considera-se um homem médio, menos do que médio, no fundo um medíocre; não há exemplo de que um antissemita reivindique superioridade individual sobre os judeus. Mas não se deve crer que tenha vergonha de sua mediocridade: ao contrário, deleita-se com ela; direi que a elegeu. Esse homem teme toda espécie de solidão, tanto a do gênio como a do assassino: é o homem das multidões; por diminuta que seja sua estatura, toma ainda o cuidado de abaixar-se, por medo de emergir do rebanho e encontrar-se em face de si mesmo. Se ele se tornou antissemita, é porque não se pode sê-lo sozinho. A frase "odeio os judeus" é das que se pronunciam em grupo; ao proferi-la, adere-se a uma tradição e a uma comunidade: a dos medíocres. Por isso convém lembrar que ninguém é necessariamente humilde ou até modesto, porque consentiu na mediocridade. É ao contrário: há um orgulho apaixonado dos medíocres e o antissemita constitui uma tentativa de valorizar a mediocridade como tal, de criar a elite dos medíocres. Para o antissemita, a inteligência é judaica; logo, pode desprezá-la com a máxima tranquilidade, assim como todas as demais virtudes do judeu: são *ersatz* que os judeus utilizam a fim de substituir essa mediocridade equilibrada que lhes faltará sempre. O verdadeiro francês enraizado em sua província, em sua região, sustentado por uma tradição de vinte séculos, beneficiando de uma sabedoria ancestral, guiado por costumes comprovados, *não necessita* de inteligência. O fundamento de sua virtude é a assimilação de qualidades depositadas pelo labor de cem gerações sobre os objetos que o circundam, é a propriedade. Mas trata-se evidentemente da propriedade herdada, não da que se compra. Há uma incompreensão de princípio no antissemita sobre as diversas formas da propriedade moderna: dinheiro, ações etc.; constituem abstrações, seres de razão que se aparentam com a inteligência abstrata do semita; a ação não é de ninguém, visto que ela pode ser de todos e é, ademais, um signo de riqueza, não um bem concreto. O antissemita concebe apenas um tipo de apropriação primitiva e territorial, baseada numa verdadeira relação mágica de posse, na qual o objeto possuído e o possuidor se encontram unidos mediante um elo de participação mística; é o poeta da propriedade fundiária. Transfigura a propriedade e a provê de uma sensibilidade particular e concreta; naturalmente, tal sensibilidade não se dirige às verdades eternas, aos valores universais: o universal é judeu, dado que é objeto de inteligência. Aquilo que o senso sutil apreende é, ao contrário, aquilo que a inteligência não pode enxergar. Em outras palavras, o princípio do antissemitismo é que a posse de um objeto singular proporciona magicamente o senso do objeto em questão. Maurras no-lo afirma: um judeu será sempre incapaz de compreender este verso de Racine: *Dans l'Orient désert, quel devint mon ennui!* (No Oriente deserto, o que veio a ser meu tormento!)

E por que esse *eu*, eu medíocre, haveria de entender o que a inteligência mais desprendida, mais culta não pôde? Porque eu *possuo* Racine. Racine, minha língua e meu solo. O judeu talvez fale um francês mais puro do que eu, talvez conheça melhor a sintaxe, a gramática, talvez seja mesmo escritor: não importa. Ele fala essa língua há vinte anos apenas e eu há mil. A correção de seu estilo é abstrata, aprendida; meus erros de francês estão de acordo com o gênio da língua. Reconhecemos aqui o argumento que Barrès esgrimia contra os bolsistas. Por que se espantar com isso? Acaso não são os judeus os bolsistas da nação? Deixa-se-lhes tudo quanto a inteligência e o dinheiro podem adquirir; mas é só vento. Só os valores irracionais é que contam e, nem mais nem menos, são os que lhes recusam eternamente. Assim, o antissemita filia-se, desde o início, a um irracionalismo de fato. Opõe-se ao judeu como: o sentimento à inteligência; o particular ao universal; o passado ao presente; o concreto ao abstrato; o possuidor de bens fundiários ao proprietário de valores mobiliários. Em consequência disso, muitos antissemitas – a maioria talvez – pertencem à pequena burguesia citadina; são funcionários, empregados, pequenos comerciantes que nada possuem. Mas é justamente erguendo-se contra o judeu que tomam súbita consciência de ser proprietários: ao representar o israelita como ladrão, colocam-se na invejável posição das pessoas que poderiam ser roubadas; já que o judeu quer furtar-lhes a França, é a França que lhes pertence. Por isso escolheram o antissemitismo como um meio de realizar a qualidade de possuidores. Tem o judeu mais dinheiro do que eles? Tanto melhor: é que o dinheiro é judeu; poderão desprezá-lo como desprezam a inteligência. Têm eles menos bens que o fidalgote perigordino ou o grande agricultor de Beauce? Não importa: bastar-lhes-á fomentar em si próprios uma cólera vingativa contra esses ladrões judeus e sentirão imediatamente a presença do país inteiro. Os verdadeiros franceses, os bons franceses são todos iguais, pois cada qual possui por si só, exclusivamente, a França indivisa. Por isso, de bom grado, eu chamaria o antissemitismo de esnobismo do pobre. Parece, de fato, que a maioria dos ricos utiliza essa paixão mais do que se lhes entrega: tem mais o que fazer. Propaga-se comumente pelas classes médias, precisamente porque não possuem terras, nem castelos, nem casas, mas apenas dinheiro líquido e algumas ações no banco. Não é por acaso que a pequena burguesia alemã de 1925 era antissemita. A principal preocupação desse "proletariado de colarinho postiço" era distinguir-se do autêntico proletariado. Arruinado pela grande indústria, ridicularizado pelos *junkers* (membros da nobreza), dedicava-se de coração aos *junkers* e aos grandes industriais. Entregou-se ao antissemitismo com o mesmo ímpeto com que usava roupas burguesas: *porque* os operários eram internacionalistas, porque os *junkers* possuíam a Alemanha e ele também queria possuí-la. O antissemitismo não é apenas a alegria de odiar; busca prazeres positivos: ao tratar o judeu como um ser inferior e pernicioso, afirmo ao mesmo tempo que pertenço a uma elite. E esta, muito diferente das elites modernas que se baseiam no mérito ou no trabalho, assemelha-se em tudo a uma aristocracia de nascimento. Nada tenho a fazer a fim de merecer minha superioridade e tampouco posso perdê-la. Ela me foi dada de uma vez por todas: é uma *coisa*.

Não confundamos tal primazia de princípio com o valor. O antissemita não sente grande anseio pela posse do valor. O valor é procurado como a verdade e dificilmente descoberto, é preciso merecê-lo e, uma vez adquirido, está perpetuamente em xeque: um passo em falso, um erro, e ele se esvai; assim, continuamos sem descanso, de ponta a ponta de nossa vida, responsáveis pelo que valemos. O antissemita foge da responsabilidade como foge de sua própria consciência e, escolhendo para a sua pessoa a permanência mineral, escolhe para a sua moral uma escala de valores petrificados. Seja lá o que fizer, sabe que permanecerá no topo da escala; seja lá o que fizer, o judeu jamais galgará mais alto do que o primeiro degrau. Começamos a vislumbrar o sentido da escolha que o antissemita fez de si mesmo; escolhe o irremediável por medo da liberdade, a mediocridade por medo da solidão e, por orgulho, faz dessa mediocridade irremediável uma aristocracia estratificada. Para efetuar essas diversas operações, a existência do judeu lhe é absolutamente necessária: na sua falta, ele seria superior a quem? Mais ainda: é em face do judeu, e só do judeu, que o antissemita se realiza como sujeito de direito. Se, por milagre, todos os israelitas fossem exterminados, como o almeja, o antissemita seria encontrado como porteiro ou lojista numa sociedade fortemente hierarquizada, onde a qualidade de "verdadeiro francês" estaria a preço vil, pois todo mundo a possuiria; perderia o sentimento de seus direitos sobre seu país, já que ninguém mais os contestaria e essa igualdade profunda que o aproximava do nobre ou do rico, desapareceria de súbito, pois era sobretudo negativa. Seus malogros, que atribuía à concorrência desleal dos judeus, teria de imputá-los urgentemente a outra causa qualquer, ou teria de interrogar a si mesmo, correndo o risco de cair no amargor, num ódio melancólico às classes privilegiadas. Portanto, o antissemita tem a desgraça de necessitar vitalmente do inimigo que ele quer destruir.

Esse igualitarismo, que o antissemita busca com tanto zelo, nada tem em comum com a igualdade inscrita no programa das democracias. Esta deve realizar-se numa sociedade economicamente hierarquizada e se manter compatível com a diversidade das funções. Mas é *contra* a hierarquia das funções que o antissemita reivindica a igualdade dos arianos. Nada entende da divisão do trabalho e isso pouco lhe importa: para ele, se cada cidadão pode reivindicar o título de francês, não é porque coopera, em seu lugar, em seu ofício e com todos os outros, para a vida econômica, social e cultural da nação: é porque possui, do mesmo modo que cada um dos outros, um direito imprescritível e inato sobre a totalidade indivisível do país. Assim, a sociedade que o antissemita concebe é uma sociedade de justaposição, como aliás seria de prever, já que seu ideal de propriedade é a propriedade fundiária. E como, na realidade, os antissemitas são numerosos, cada qual contribui para constituir, no seio da sociedade organizada, uma comunidade que funcione por solidariedade mecânica. O grau de integração de cada antissemita nessa comunidade, bem como seu matiz igualitário, é fixado pelo que eu denominaria de temperatura da comunidade. Proust demonstrou, por exemplo, como o antidreyfusismo aproximava o duque de seu cocheiro e como, graças a seu ódio a Dreyfus, famílias burguesas forçaram as portas da aristocracia. Pois a comunidade igualitária que o antissemita invoca é do tipo das multidões ou dessas sociedades momentâneas que nascem por ocasião dos linchamentos ou dos escândalos. A igualdade nelas é fruto da indiferenciação das funções. O vínculo social é a cólera; a coletividade não apresenta outro fim exceto o de exercer sobre certos indivíduos uma sanção repressiva difusa; em seu quadro, os impulsos e as representações coletivas impõem-se tanto mais fortemente aos particulares quanto nenhum deles é defendido por uma função especializada. Assim, as pessoas se afogam na multidão e os modos de pensamento, as reações do grupo são do tipo primitivo puro. Sem dúvida, tais coletividades não nascem apenas do antissemitismo: um motim, um crime, uma injustiça podem suscitá-las inopinadamente. Mas constituem então simples formações fugazes que logo de desvanecem sem deixar vestígios. Como o antissemitismo sobrevive às grandes crises de ódio contra os judeus, a sociedade formada pelos antissemitas subsiste em estado latente durante os períodos normais e todo antissemita reivindica-se incluso nela. Incapaz de compreender a organização social moderna, sente a nostalgia dos períodos de crise em que a comunidade primitiva reaparece de súbito e atinge sua temperatura de fusão. Deseja que sua pessoa se dissolva repentinamente no grupo e seja arrastada pela enxurrada coletiva. Tem em mira essa atmosfera de *pogrom* quando reclama "a união de todos os franceses". Nesse sentido, o antissemitismo, na democracia, é uma forma sorrateira daquilo que se denomina a luta do cidadão contra os poderes. Interroguemos a um desses jovens turbulentos que infringem placidamente a lei e se juntam em bandos para surrar um judeu numa rua deserta: ele nos dirá que aspira a um poder forte que o exima da acabrunhadora responsabilidade de pensar por si próprio; sendo a República um poder fraco, vê-se levado à indisciplina por amor à obediência. Mas deseja efetivamente um poder forte? Na realidade, exige para os outros uma ordem rigorosa e, para si, uma desordem sem responsabilidade; pretende colocar-se acima das leis, evadindo-se, ao mesmo tempo, da consciência de sua liberdade e de sua solidão. Recorre, portanto, a um subterfúgio: o judeu participa das eleições, há judeus no governo, logo o poder legal está viciado pela base; ou melhor, não existe mais e é legítimo não levar em conta seus decretos; aliás, não se trata de desobediência: não se desobedece ao que não existe. Assim haverá para o antissemita uma França *real* com um governo *real*, mas difuso e sem órgãos especializados, e uma França abstrata, oficial, judaizada, contra a qual é mister erguer-se. Naturalmente, essa rebelião perpétua é obra do grupo: o antissemita não poderia em caso algum agir ou pensar sozinho. E o próprio grupo não poderia conceber-se sob o aspecto de um partido minoritário, pois um partido é obrigado a inventar seu programa, adotar uma linha política, o que implica iniciativa, responsabilidade, liberdade. As associações antissemitas nada querem inventar, recusam-se a assumir responsabilidade, sentiriam horror em se apresentar como certa parcela da opinião pública francesa, pois seria necessário então estabelecer um programa, procurar meios legais de ação. Preferem representar-se como exprimindo, em toda a pureza, em toda a passividade, o sentimento do país *real* em sua indivisibilidade. Todo antissemita é, portanto, numa medida variável, o inimigo dos poderes regulares; deseja ser membro disciplinado de um grupo indisciplinado; adora a ordem, porém a ordem *social*. Pode-se afirmar que deseja provocar a desordem política a fim de restaurar a ordem social, e a ordem social se lhe apresenta sob os traços de uma sociedade igualitária e primitiva de justaposição, à temperatura elevada, da qual os judeus seriam excluídos. Tais princípios o tornam beneficiário de uma estranha independência que eu denominaria uma liberdade ao avesso. Pois a autêntica liberdade assume as suas responsabilidades e a do antissemitismo procede do fato de que ele se furta a todas as suas. Flutuando entre uma sociedade autoritária que ainda não existe e uma sociedade oficial e tolerante que ele desautoriza, o antissemita pode permitir-se tudo sem temor de passar por anarquista, o que lhe causaria horror. A profunda seriedade de seus objetivos, que nenhuma palavra, nenhum discurso, nenhum ato é capaz de exprimir, autoriza-o a praticar leviandades. Ele é moleque, comete travessuras, surra, purga, rouba: tudo pela boa causa. Se o governo é forte, o antissemitismo decresce, a menos que figure no programa do próprio governo. Mas, neste caso, muda de natureza. Inimigo dos judeus, o antissemita necessita dos judeus; antidemocrata, é um produto natural das democracias e só pode manifestar-se no quadro da República.

Começamos a compreender que o antissemitismo não constitui uma simples "opinião" sobre os judeus e que empenha a pessoa inteira do antissemita. Mas ainda não terminamos com ele: pois ele não se limita a fornecer diretivas morais e políticas; é por si só um processo de pensamento e uma concepção do mundo. De fato, não é possível afirmar o que o antissemita afirma sem referir-se implicitamente a certos princípios intelectuais. O judeu, diz ele, é totalmente mau, totalmente judeu; suas virtudes, se as tem, pelo fato de lhe pertencerem, convertem-se em vícios; as obras que saem de suas mãos trazem necessariamente sua marca: se constrói uma ponte, a ponte é má, por ser judaica, do primeiro ao último arco. A mesma ação praticada por um judeu e por um cristão não apresenta o mesmo sentido nos dois casos, o judeu comunica a tudo o que toca sabe-se lá que execrável qualidade. A primeira coisa que os alemães proibiram aos judeus foi o acesso às piscinas: parecia-lhes que, se o corpo de um israelita mergulhasse nessa água represada, ele a poluiria. A rigor, o judeu polui até o ar que respira. Se tentássemos formular com proposições abstratas o princípio assim envolvido, chegaríamos ao seguinte: um todo é mais e outra coisa além da soma de suas partes; um todo determina o sentido e o caráter profundo de suas partes componentes. Não há *uma* virtude de coragem passível de entrar indiferentemente num caráter judeu ou num caráter cristão como o oxigênio compõe indiferentemente o ar com o azoto e o argônio, a água com o hidrogênio; mas cada pessoa é uma totalidade indecomponível, que tem *sua* coragem, *sua* generosidade, *sua* maneira de pensar, rir, beber e comer. O que significa isso senão que o antissemita optou por recorrer, a fim de compreender o mundo, ao espírito de síntese? É o espírito de síntese que lhe permite conceber a si mesmo como formando uma indissolúvel unidade com a França inteira. É em nome do espírito de síntese que denuncia a inteligência puramente analítica e crítica de Israel. Mas é preciso especificar: há algum tempo, à direita e à esquerda, entre os tradicionalistas e os socialistas, são invocados os princípios sintéticos contra o espírito de análise que presidiu a fundação da democracia burguesa. Não poderiam ser os mesmos princípios para uns e para outros, ou, ao menos, uns e outros fazem usos diferentes desses princípios. Como os emprega o antissemita?

Quase não encontramos o antissemitismo entre os operários. Alguém dirá, é porque não há judeus em seu meio. Mas a explicação é absurda: pois deveriam precisamente, supondo que o fato alegado fosse verdadeiro, queixar-se dessa ausência. Os nazistas o sabiam muito bem, pois, querendo estender sua propaganda ao proletariado, lançaram o *slogan* do "capitalismo judeu". No entanto, a classe operária pensa sinteticamente a situação social: porém, não usa métodos antissemitas. Não divide os conjuntos segundo os dados étnicos, mas segundo as funções econômicas. A burguesia, a classe camponesa, o proletariado, eis as realidades sintéticas de que se ocupa; e, nessas totalidades, distinguirá estruturas sintéticas secundárias: sindicatos operários, sindicatos patronais, trustes, cartéis, partidos. Assim, as explicações que dá dos fenômenos históricos mostram-se perfeitamente convenientes à estrutura diferenciada de uma sociedade baseada na divisão do trabalho. A história resulta, segundo ela, do jogo dos organismos econômicos e da interação dos grupos sintéticos.

A maioria dos antissemitas encontra-se, ao contrário, nas classes médias, isto é, entre os homens que dispõem de um nível de vida igual ou superior ao dos judeus, ou, caso se prefira, entre os *não produtores* (patrões, comerciantes, profissões liberais, dos transportes, parasitas). De fato, o burguês *não produz*: dirige, administra, reparte, compra e vende; sua função consiste em entrar em relação direta com o consumidor, ou seja, sua atividade fundamenta-se num constante comércio com os homens, ao passo que o operário, no exercício de seu ofício, está em contato permanente com as coisas. Cada qual julga a história de acordo com a profissão que exerce. Formado por sua ação cotidiana sobre a matéria, o operário considera a sociedade como o produto de forças reais que agem segundo leis rigorosas. Seu "materialismo" dialético significa que encara o mundo social do mesmo modo que o mundo material. Os burgueses, ao invés, e o antissemita, em particular, optaram por explicar a história pela ação de vontades individuais. Não dependem eles dessas mesmas vontades no exercício de suas profissões?[1] Comportam-se com respeito aos fatos sociais como os primitivos que dotam o vento ou o sol de uma pequena alma. Intrigas, cabalas, a perfídia de um, a coragem e a virtude de outro, eis o que determina o ritmo de sua casa comercial, eis o que determina o ritmo do mundo. O antissemitismo, fenômeno burguês, surge, pois, como a escolha no sentido de explicar os acontecimentos coletivos pela iniciativa dos particulares.

E acontece, sem dúvida, que o proletariado caricatura em seus cartazes e jornais "o burguês", assim como o antissemita caricatura "o judeu". Mas essa semelhança aparente não deve enganar. O que produz o burguês, para o operário, é sua posição de burguês, isto é, um conjunto de fatores externos; e o próprio

1 Faço uma exceção no tocante ao engenheiro, ao empresário e ao erudito, cujas ocupações os aproximam do proletariado, e que, aliás, não são, no mais das vezes, antissemitas.

burguês se reduz à unidade sintética de suas manifestações exteriormente discerníveis. É um conjunto relacionado de *condutas*. Para o antissemita, o que faz o judeu é a presença nele da *judiaria*, princípio judeu análogo ao flogístico ou à virtude dormitiva do ópio. Não nos iludamos: as explicações pela hereditariedade e pela raça apareceram mais tarde, são como o tênue revestimento científico dessa convicção primitiva; muito antes de Mendel e Gobineau, existia o horror ao judeu e os que o experimentavam não poderiam explicá-lo senão dizendo, como Montaigne dizia de sua amizade por La Boétie: "Porque é ele, porque sou eu." Sem essa virtude metafísica, as atividades atribuídas ao judeu seriam rigorosamente incompreensíveis. De fato, como conceber a obstinada loucura de um rico comerciante judeu que deveria, se fosse razoável, almejar a prosperidade do país onde comercia e que, segundo nos afiançam, obstina-se em arruiná-lo? Como compreender o internacionalismo nefasto de homens cujas famílias, afetos, costumes, interesses, natureza e fonte de suas fortunas deveriam ligá-lo ao destino de um país particular? Os hábeis falam de uma vontade judaica de dominar o mundo: mas ainda aqui, se não possuirmos a chave, as manifestações dessa vontade correm o risco de nos parecer ininteligíveis; pois, ora nos apontam, atrás do judeu, o capitalismo internacional, o imperialismo dos trustes e dos fabricantes de armas de guerra, ora o bolchevismo, com seu punhal entre os dentes, e não se vacila em tornar igualmente responsáveis pelo comunismo os banqueiros israelitas, a quem deveria horrorizar, e pelo capitalismo imperialista, os judeus miseráveis que povoam a rue des Rosiers. Mas tudo se esclarece se dispensarmos o judeu de uma conduta racional e conforme seus interesses e, em vez disso, se discernirmos nele um princípio metafísico que o impele a *praticar o mal* em todas as circunstâncias, ainda que para tanto deva destruir-se a si mesmo. Tal princípio, não resta a menor dúvida, é mágico: de um lado, é uma essência, uma forma substancial, e ao judeu, faça o que fizer, não é dado modificá-lo, assim como o fogo não pode impedir-se de arder. E, de outro, como é necessário que se possa odiar os judeus e como não se detesta um tremor de terra ou a filoxera, essa virtude é também liberdade. Todavia, a liberdade em questão é cuidadosamente limitada: o judeu é livre *para praticar o mal*, não o bem, dispõe de livre arbítrio suficiente apenas para arcar com a plena responsabilidade dos crimes que comete, mas não o bastante para que possa reformar-se. Estranha liberdade que, em vez de preceder e constituir a essência, permanece-lhe inteiramente submetida, que não passa de uma qualidade irracional e continua sendo, não obstante, liberdade. Só há uma criatura, que eu conheça, tão absolutamente livre e acorrentada ao mal: é o próprio Espírito do Mal, é Satã. Desse modo, o judeu é assimilado ao espírito maligno. Sua vontade, ao contrário da vontade kantiana, quer-se pura, gratuita e universalmente má, é *a* má vontade. Por seu intermédio, o mal chega à terra, tudo o que existe de mau na sociedade (crises, guerras, fomes, subversões e revoltas) é-lhe direta ou indiretamente imputável. O antissemita teme descobrir que o mundo é malfeito: pois então seria preciso inventar, modificar, e o homem se redescobriria senhor de seu próprio destino, provido de uma responsabilidade angustiante e infinita. Por isso, localiza no judeu todo o mal do universo. Se as nações travam guerras, não é porque a ideia de nacionalidade, sob a sua forma presente, implica a de imperialismo e de conflito de interesses. Não, é porque o judeu está aí, atrás dos governos, insuflando a discórdia. Se há luta de classes, não é porque a organização econômica deixa a desejar: é porque os incitadores judeus, os agitadores de nariz adunco seduziram os operários. Assim, o antissemitismo é originalmente um maniqueísmo; explica o ritmo do mundo mediante a luta do princípio do bem contra o princípio do mal. Entre esses dois princípios nenhum arranjo é concebível: cumpre que um deles triunfe e que o outro seja aniquilado. Observemos Céline: sua visão do universo é catastrófica: o judeu está em toda parte, a terra está perdida; o ariano não deve comprometer-se, pactuar. Mas cuidado! Se respira, já perdeu sua pureza, pois o próprio ar que penetra em seus brônquios já está poluído. Não parece a prédica de um cátaro? Céline pôde sustentar as teses socialistas dos nazis porque era pago. No fundo do coração, não acreditava nelas: para ele, não havia outra solução além do suicídio coletivo, da não procriação, da morte. Outros – Maurras ou o PFF – são menos desalentadores: consideram uma prolongada luta, amiúde duvidosa, com a vitória final do bem: é Ormuzde contra Arimã. A esta altura, o leitor terá compreendido que o antissemita não recorre ao maniqueísmo como a um princípio secundário de explicação. Mas a escolha original do maniqueísmo é que explica e condiciona o antissemitismo. Devemos, portanto, indagar qual o significado, para um homem de hoje, dessa escolha original.

Comparemos por um instante a ideia revolucionária da luta de classes com o maniqueísmo antissemita. Aos olhos do marxista, a luta de classes não constitui de modo algum o combate entre o bem e o mal: trata-se de um conflito de interesses entre grupos humanos. O revolucionário é levado a adotar o ponto de vista do proletariado primeiramente porque esta classe é a *sua*, depois porque ela é oprimida e porque, sendo de longe a mais numerosa, sua sorte tende a confundir-se com a da humanidade, enfim porque as consequências de seu triunfo devem necessariamente comportar a supressão das classes. A meta do revolucionário é mudar a organização da sociedade. E para tanto, sem dúvida, é preciso destruir o regime antigo, mas só isso não basta: antes de tudo, convém construir uma nova ordem. Se, por impossível, a classe privilegiada quisesse cooperar na construção socialista e se houvesse provas manifestas de sua boa-fé, não existiria nenhuma razão válida para rechaçá-la. E se permanece altamente improvável que ofereça de bom grado tal auxílio aos socialistas, é porque sua situação mesma de classe privilegiada a impede de fazê-lo e não por causa de algum demônio interior que a impele, a despeito de si mesma, a praticar o mal. Em todo caso, frações dessa classe, separando-se dela, podem constantemente agregar-se à classe oprimida e tais frações serão julgadas por seus atos, não por sua essência. "Rio-me de sua essência eterna", dizia--me um dia [Georges] Politzer.

Ao contrário, para o maniqueísta antissemita, a ênfase recai na destruição. Não se trata de um conflito de interesses, porém de danos que um poder malévolo inflige à sociedade. Em consequência, o bem consiste antes de tudo em aniquilar o mal. Sob a amargura do antissemita, dissimula-se a crença otimista de que a harmonia, uma vez expulso o mal, restabelecer-se-á por si própria. Sua tarefa é pois, unicamente negativa: não se cogita construir uma sociedade, mas apenas purificar a existente. Para alcançar esse objetivo, a colaboração dos judeus de boa vontade seria inútil e mesmo nefasta, além do mais, um judeu não poderia ter boa vontade. Cavaleiro do bem, o antissemita é sagrado; o judeu é, também, sagrado à sua maneira: sagrado como os intocáveis, como os indígenas amaldiçoados por um tabu. Assim a luta é desenvolvida no plano religioso e o termo do combate só pode ser uma destruição sagrada. As vantagens dessa posição são múltiplas: em primeiro lugar, favorece a preguiça de espírito. Já vimos que o antissemita nada entende da sociedade moderna; seria incapaz de conceber um plano construtivo: sua ação não pode situar-se ao nível da técnica, remanesce no terreno da paixão. A uma empresa de longo alento, prefere uma explosão de raiva análoga ao *amok* dos malaios. Sua atividade intelectual entrincheira-se na *interpretação*: procura nos acontecimentos históricos o signo da presença de um poder maléfico. Daí as invenções pueris e complicadas que o aparentam com os grandes paranoicos. Ademais, o antissemitismo canaliza os impulsos revolucionários para a eliminação de certos homens, não de instituições; uma multidão antissemita julgará ter feito bastante depois de chacinar alguns judeus e queimar algumas sinagogas. O antissemitismo representa, portanto, uma válvula de escape para as classes possuidoras que o estimulam e substituem assim o ódio perigoso contra um regime por um ódio benigno contra particulares. E acima de tudo, esse dualismo ingênuo é eminentemente tranquilizador para o próprio antissemita: caso se trate de eliminar o mal é porque o bem já está *dado*. Não há absolutamente necessidade de procurá-lo na angústia, de inventá-lo, de discuti-lo pacientemente depois de encontrado, de comprová-lo pela ação, de verificá-lo em suas consequências e finalmente de afiançar as responsabilidades da escolha moral efetuada. Não é por acaso que as grandes cóleras antissemitas dissimulam um otimismo: o antissemita decidiu sobre o mal a fim de não ter que decidir sobre o bem. Quanto mais absorto no combate ao mal, menos tentado estou a pôr em causa o bem. Não se fala dele, está sempre subentendido nos discursos do antissemita e permanece subentendido em seu pensamento. Quando houver cumprido a sua missão de destruidor sagrado, o Paraíso Perdido se reconstituirá por si mesmo. No momento, tantas tarefas absorvem o antissemita que não lhe resta tempo para refletir a respeito: está sempre na vanguarda, combate, e cada uma de suas indignações constitui um pretexto que o desvia da busca do bem em meio à angústia.

Mas não é só, e abordamos aqui o domínio da psicanálise. O maniqueísmo mascara uma atração profunda pelo mal. Para o antissemita, o mal é o seu quinhão, seu "Jó". Outros virão mais tarde ocupando-se do bem, se há lugar para isso. Ele, o antissemita encontra-se nos postos avançados da sociedade, dá as costas às puras virtudes que defende: só cuida do mal, seu dever é desvendá-lo, denunciá-lo, medir sua extensão. Ei-lo pois, preocupado unicamente em acumular anedotas que revelam a lubricidade do judeu, seu apetite por lucro, suas artimanhas e traições. O antissemita lava as mãos na imundície. Releiamos *A França Judaica* de Drumont: esse livro, de "alta moralidade francesa", é uma coletânea de histórias ignóbeis ou obscenas. Nada reflete melhor a complexa natureza do antissemita: como não quis de modo algum *escolher* seu bem e aceitou que lhe impusessem, por medo de singularizar-se, o de todo mundo, a sua moral nunca se alicerça na intuição dos valores, nem no que Platão chama "o amor"; manifesta-se apenas pelos mais estritos tabus, dos mais rigorosos e mais gratuitos imperativos. Porém, o mal, este sim, é o objeto de sua incansável contemplação, de sua intuição e como que de seu gosto. Dessa forma, é capaz de repisar até à obsessão o relato de ações obscenas ou criminais que o perturbam e satisfazem seus perversos pendores; mas dado que, ao mesmo tempo, as atribui a esses infames judeus que esmaga com seu desprezo, ceva-se sem comprometer-se. Conheci em Berlim um protestante em quem o desejo assumia a forma da indignação. A visão de mulheres de maiô o deixava enfurecido; buscava de bom grado esse furor e passava o tempo nas piscinas. Assim é o antissemita. Um dos componentes de seu ódio é uma atração profunda e sexual pelos judeus. Trata-se, antes de tudo, de uma curiosidade fascinada pelo mal, que procede principalmente, creio eu, do sadismo. De fato, não se compreenderá nada do antissemitismo, se não nos lembrarmos de que o judeu, objeto de tanta execração, é perfeitamente inocente, direi mesmo inofensivo. Por isso, o antissemita toma o cuidado de nos falar de associações judaicas secretas, de temíveis e clandestinas franco-maçonarias. Mas se encontra com um judeu face a face, trata-se na maioria das vezes de uma criatura fraca e que, mal preparada para a violência, nem sequer chega a defender-se. Essa debilidade individual do judeu que o entrega de mãos e pés amarrados aos *pogroms*, o antissemita não a ignora e até mesmo deleita-se antecipadamente com ela. Por isso, seu ódio ao judeu não é comparável ao que os italianos de 1830 devotavam aos austríacos e os franceses de 1942 aos alemães. Em ambos os casos, os detestados eram opressores, homens duros, cruéis e fortes, que dispunham de armas, dinheiro, força e podiam infligir maior dano aos rebeldes do que estes jamais haviam sonhado em infligir-lhes. Em tais ódios, os pendores sádicos não se verificam. Mas, visto que, para o antissemita, o mal se encarna nesses homens desarmados e bem pouco perigosos, ele nunca se encontra na penosa necessidade de ser heroico; é *divertido* ser antissemita. Pode-se espancar e torturar os judeus sem receio: quando muito, hão de apelar para as leis da República; mas as leis são amenas. Assim, a atração sádica do antissemita pelo judeu é tão intensa que não raro um desses inimigos jurados de Israel se rodeia de amigos judeus.

Sem dúvida considera-os "judeus de exceção", afirma: "Estes não são como os outros." No estúdio do pintor de que falei há pouco e que não reprovava de modo algum os assassinatos de Lublin, figurava, em lugar honroso, o retrato de um judeu que desfrutava de seu apreço e que a Gestapo fuzilara. Mas não são sinceros os protestos de amizade dos antissemitas; pois não consideram sequer, em suas conversas a possibilidade de poupar os "bons judeus" e, embora reconhecendo algumas virtudes aos que eles conhecem, não admitem que seus interlocutores pudessem se deparar outros judeus igualmente virtuosos. Na realidade, comprazem-se em proteger algumas pessoas por uma espécie de inversão de seu sadismo, comprazem-se em manter à vista a imagem viva do povo que execram. As mulheres antissemitas experimentam, amiúde, uma mistura de repulsa e atração sexual pelos judeus. Uma delas que eu conheci tinha relações íntimas com um judeu polonês. Deitava-se às vezes ao seu lado e deixava-o acariciar-lhe o peito e os ombros, porém nada mais. Deliciava-se em senti-lo respeitoso e submisso, em adivinhar seu violento desejo reprimido, humilhado. Com outros homens não judeus, mantinha um comércio sexual normal. Há nas palavras "bela judia" uma significação sexual muito particular e bastante diferente da que se nos depara, por exemplo nas de "bela romena", "bela grega" ou "bela americana". É que aquelas desprendem como que um olor de violentação e morticínio. A bela judia é a que os cossacos do tsar arrastam pelos cabelos pelas ruas de sua aldeia em chamas; e as obras pornográficas que se dedicam aos relatos de flagelação concedem um posto de honra aos israelitas. Mas não é preciso ir cavoucar a literatura clandestina. Desde a Rebeca de *Ivanhoé* até a judia de *Gilles* [de Drieu La Rochelle], passando pelas de Ponson du Terrail, as judias desempenham nos romances mais sérios uma função bem definida: frequentemente violentadas ou moídas de pancadas sucede-lhes às vezes escapar à desonra pela morte, mas é só; e as que conservam a virtude tornam-se as servidoras dóceis ou as amantes humilhadas de cristãos indiferentes que desposam arianas. Não é necessário mais, creio, para assinalar o valor de símbolo sexual que a judia adquire no folclore.

Destruidor por ofício, sádico de coração puro, o antissemita é, no fundo do coração, um criminoso. O que ele deseja, o que prepara, é a *morte* do judeu.

Sem dúvida, nem todos os inimigos do judeu exigem abertamente sua morte, porém as medidas que propõem e que visam, todas, seu aviltamento, sua humilhação, sua expulsão, constituem sucedâneos desse assassinato que premeditam dentro de si próprios: são homicídios simbólicos. Todavia, o antissemita tem a consciência a seu favor: é criminoso pela boa causa. Não é sua culpa, afinal de contas, se lhe incumbe a missão de reduzir o mal por meio do mal; a França *real* lhe delegou os poderes de alta justiça. Sem dúvida, nem todos os dias surge-lhe a ocasião de utilizá-los, mas não se enganem: essas cóleras bruscas que subitamente o dominam, essas apóstrofes tonitroantes que lança contra os *youtre*[2] são outras tantas execuções

2 Depreciativo de judeu em gíria francesa (N. da T.).

capitais; a consciência popular o adivinhou ao inventar a expressão "papa-judeus". Assim o antissemita se escolheu criminoso, e criminoso *branco*: ainda aqui foge às responsabilidades; censurou os instintos de homicida, mas descobriu o meio de saciá-los sem confessá-los. Sabe que é perverso, mas como pratica o mal *a favor do bem*, como todo um povo espera dele a libertação, considera-se um perverso sagrado. Graças a uma espécie de inversão de todos os valores dos quais encontramos paralelo em certas religiões e, por exemplo, na Índia, onde existe uma prostituição sagrada, à cólera, ao ódio, à pilhagem, ao homicídio e a todas as formas de violência aderem, segundo ele, a estima, o respeito, o entusiasmo; e no momento exato em que a maldade o inebria, sente em si a leveza e a paz que a consciência tranquila e a satisfação do dever cumprido proporcionam.

O retrato está acabado. Se nele não se reconhecem muitas pessoas que declaram de bom grado detestar os judeus, é que de fato não os detestam. Não os apreciam tampouco. Não lhes causariam o menor mal, porém não levantariam um dedo para impedir que os outros os persigam. Não são antissemitas, não são nada, não são *ninguém* e como é mister, apesar de tudo parecer algo, fazem-se eco, rumor, vão repetindo, sem pensar mal, sem pensar nada, algumas fórmulas apreendidas que lhe concedem direito de acesso a certos salões. Assim, conhecem as delícias de serem tão somente um ruído vazio, de terem a cabeça cheia de uma imensa afirmação que lhes parece respeitável na medida em que a tomaram de empréstimo. Aqui o antissemitismo não passa de uma justificativa; a futilidade dessas pessoas é, aliás, tamanha que renunciam, de bom grado, a essa justificativa por qualquer outra, contanto que seja "distinta". Pois o antissemitismo é *distinto* como todas as manifestações de uma alma coletiva irracional tendente a criar uma França oculta e conservadora. Parece a essas cabeças levianas que, repetindo à porfia que o judeu é prejudicial ao país cumprem um desses ritos de iniciação que os tornam partícipes dos focos sociais de energia e calor; nesse sentido, o antissemitismo manteve algo dos sacrifícios humanos. Apresenta, além do mais, uma séria vantagem para as pessoas que conhecem sua própria inconsistência profunda e que se entediam: permite-lhes dar-se as aparências da paixão e, como é regra, desde o romantismo, confundi-la com a personalidade; tais antissemitas de segunda mão adornam-se a baixo custo com uma personalidade agressiva. Um amigo meu citava-me com frequência um velho primo que ia jantar em sua casa e de quem se dizia com certo ar: "Jules não suporta os ingleses." Meu amigo não se lembrava que jamais se dissesse outra coisa acerca do primo Jules. Mas era bastante: havia um compromisso tácito entre Jules e a família; em sua presença evitavam ostensivamente falar dos ingleses e tal precaução lhe dava uma aparência de existência aos olhos de seus parentes, ao mesmo tempo que lhes proporcionava o agradável sentimento de participar de uma cerimônia sagrada. E, depois, em certas circunstâncias escolhidas, alguém, após ter cuidadosamente deliberado, lançava como que por inadvertência uma alusão à Grã-Bretanha ou a seus domínios, então o primo Jules fingia tomar-se de muita raiva e sentia-se existir por um momento; todos ficavam contentes. Muitos são antissemitas como o primo Jules era anglófobo e, evidentemente, não se dão conta de modo algum do que implica na verdade a sua atitude. Puros reflexos, caniços agitados pelo vento, não teriam certamente inventado o antissemitismo se não existisse o antissemita consciente. Mas são eles que, com toda a indiferença, asseguram a permanência do antissemitismo e o revezamento das gerações.

■ ■ ■

Agora, estamos em condições de compreender o antissemita. É um homem que tem medo. Não dos judeus, certamente, mas de: si próprio, sua consciência, sua liberdade, seus instintos, suas responsabilidades, da solidão, de mudança, da sociedade e do mundo; de tudo, exceto os judeus. É um covarde que não quer confessar sua covardia; um assassino que recalca e censura sua tendência ao homicídio sem poder refreá-la e que, no entanto, só ousa matar em efígie ou no anonimato de uma multidão; um descontente que não se atreve a revoltar-se por receio das consequências da sua revolta. Ao aderir ao antissemitismo, não adota simplesmente uma opinião, mas se escolhe como pessoa. Escolhe a permanência e a impenetrabilidade da pedra, a irresponsabilidade total do guerreiro que obedece a seus chefes – e não tem chefe. Escolhe não adquirir nada, não merecer nada, mas que tudo lhe seja dado de nascença – e não é nobre. Escolhe, enfim, que o bem seja um fato consumado, fora de dúvida, fora de alcance, não ousa encará-lo por medo de ser levado a contestá-lo e a ter que procurar outro. O judeu é no caso só um pretexto: em outra parte, será utilizado o negro e, em outra, o amarelo. A existência do judeu permite simplesmente ao antissemita sufocar suas angústias desde o embrião, persuadindo-se de que seu lugar sempre esteve consignado no mundo, que esse lugar o esperava e que possui, por tradição, o direito de ocupá-lo. O antissemitismo, em suma, é o medo diante da condição humana. O antissemita é o homem que deseja ser rochedo implacável, torrente furiosa, raio devastador: tudo menos homem.

2

Os judeus contam, entretanto, com um amigo: o democrata. Mas se trata de um pobre defensor. Sem dúvida, proclama que todos os homens são iguais em direitos; sem dúvida fundou a Liga dos Direitos do Homem. Mas essas mesmas declarações mostram a debilidade de sua posição. Ele escolheu de uma vez por todas, no século XVIII, o espírito de análise. Não tem olhos para as sínteses concretas que a história lhe apresenta. Não conhece o judeu, nem o árabe, nem o negro, nem o burguês, nem o operário: mas tão somente o homem, em todos os tempos, em todos os lugares, parecido a si próprio. Resolve todas as coletividades em elementos individuais. Para ele, um corpo físico é uma soma de moléculas; um corpo social, uma soma de indivíduos. E, por indivíduo, entende uma encarnação singular dos traços universais que constituem a natureza humana. Assim, o antissemita e o democrata prosseguem incansavelmente seu diálogo sem jamais compreender, nem perceber que não falam das mesmas coisas. Se o antissemita reprova ao judeu sua avareza, o democrata responderá que conhece judeus que não são avaros e cristãos que o são. Mas o antissemita não se deixa convencer por isso: pretendia dizer que há uma avareza "judaica", isto é, influenciada por esta totalidade sintética que é a *pessoa* judaica. E convirá, sem maior perturbação, que certos cristãos podem ser avaros, pois a avareza cristã e a avareza judaica não são da mesma natureza. Para o democrata, a avareza, ao contrário, é uma certa natureza universal e invariável que pode somar-se ao conjunto dos traços componentes de um indivíduo e que permanece idêntica em todas as circunstâncias; não há duas maneiras de ser avaro, ou a gente é ou não é. Assim o democrata, como o erudito, deixa escapar o singular: o indivíduo não é para ele outra coisa senão uma soma de traços universais. Segue-se que sua defesa do judeu salva o judeu como homem e o aniquila como judeu. Diferentemente do antissemita, o democrata não tem medo de si mesmo: teme as grandes formas coletivas onde corre o perigo de dissolver-se. Por isso, optou pelo espírito de análise, porque o espírito de análise *não vê* essas realidades sintéticas. A partir desse ponto de vista, receia que desperte no judeu uma "consciência judaica", isto é, uma consciência da coletividade israelita, como teme o despertar, no operário, da "consciência de classe". Sua defesa consiste em persuadir os indivíduos de que existem em estado isolado. "Não há judeu", diz ele, "nem questão judaica." Isso significa que aspira a separar o judeu de sua religião, de sua família, de sua comunidade étnica, a fim de enforná-lo no cadinho democrático, de onde sairá só e nu, partícula individual e solitária, semelhante a todas as outras partículas. É o que se chamava, nos Estados Unidos, a política de assimilação. As leis sobre a imigração consignaram a falência dessa política e, em suma, a do ponto de vista democrático. Como poderia ser de outro modo? Para um judeu consciente e orgulhoso de sê-lo, que reivindica sua pertinência à comunidade judaica, sem desconhecer para tanto os laços que o unem a uma coletividade nacional, não há tanta diferença entre o antissemita e o democrata. Aquele quer destruí-lo como homem para que não subsista nele senão o judeu, o pária, o intocável; este quer destruí-lo como judeu a fim de não conservar nele senão o homem, o objeto abstrato e universal dos direitos do homem e do cidadão. É possível discernir no democrata mais liberal um matiz de antissemitismo: é hostil ao judeu na medida em que o judeu se atreve a pensar como judeu. Tal hostilidade expressa-se por uma espécie de ironia indulgente e divertida, como ao dizer de um amigo judeu, cuja origem israelita é facilmente reconhecível: "Ele é de fato *demasiado* judeu", ou ao declarar: "A única coisa que censuro aos judeus é o seu instinto gregário: se a gente deixa entrar um em qualquer negócio, ele trará outros dez consigo." Durante a ocupação, o democrata sentia-se profunda e sinceramente indignado com as perseguições antissemitas, porém suspirava de vez em quando: "Os judeus hão de voltar do exílio com tamanha insolência e fome de vingança que temo o recrudescimento do antissemitismo." Na realidade, receia que as perseguições contribuam para dar ao judeu uma consciência mais precisa de si mesmo.

O antissemita censura ao judeu o *ser* judeu; o democrata censura-lhe de bom grado o *considerar-se* judeu. Entre seu adversário e seu defensor, o judeu parece estar em situação bastante incômoda: parece que não lhe resta outra alternativa exceto escolher o tempero com o qual será comido. Convém, portanto, no que nos diz respeito, colocarmos a questão: existe o judeu? Se existe, o que é ele? Primeiro um judeu ou primeiro um homem? Residirá a solução do problema no extermínio de todos os israelitas ou em sua assimilação total? Não será possível entrever outra maneira de formular o problema e outra maneira de resolvê-lo?

3

Estamos de acordo com o antissemita num ponto: não acreditamos na "natureza" humana, não aceitamos que uma sociedade seja uma soma de moléculas isoladas ou isoláveis; acreditamos que é preciso considerar os fenômenos biológicos, psíquicos ou sociais com um espírito sintético. Todavia, apartamo-nos dele quanto ao modo de aplicar esse espírito sintético. Não conhecemos nenhum "princípio" judeu e não somos maniqueístas, não admitimos tampouco que o "verdadeiro" francês se beneficie tão facilmente da experiência ou das tradições legadas por seus antepassados, mantemo-nos muito céticos com respeito à herança psicológica e não admitimos que se utilizem os conceitos étnicos exceto nos domínios em que receberam confirmação experimental, a saber, os da biologia e da patologia; para nós, o homem se define antes de tudo como um ser "em situação". Isso significa que constitui um todo sintético com sua situação biológica, econômica, política, cultural etc. Não é possível distingui-lo dessa situação, pois ela o forma e decide suas possibilidades, mas, inversamente, é ele que lhe dá sentido, escolhendo-se em e por ela. Ser em situação, segundo nós, significa *escolher-se* em situação e os homens diferem entre si como diferem suas respectivas situações e também conforme a escolha que fazem de sua própria pessoa. Em comum entre todos eles não há uma natureza, mas uma condição, isto é, um conjunto de limites e coerções: a necessidade de morrer, de trabalhar para viver, de existir num mundo já habitado por outros homens. Essa condição é no fundo apenas a situação humana fundamental, ou caso se prefira, o conjunto de caracteres abstratos comuns a todas as situações. Concedo, pois, ao democrata que o judeu é um homem como todos os outros, mas isso não ensina nada de especial a respeito do judeu, exceto que ele é livre e ao mesmo tempo escravo, que nasce, goza, sofre e morre, que ama e odeia, como todos os homens. Nada mais posso extrair desses dados demasiado gerais. Se pretendo saber *o que* é o judeu, devo, uma vez que é um ser em situação, indagar primeiramente de sua situação. Previno que restringirei minha descrição aos judeus da França, porque o problema do judeu francês é *nosso* problema.

Não negarei que haja uma raça judaica. Mas antes de tudo devemos nos entender. Se consideramos raça esse complexo indefinível em que se incluem desordenadamente caracteres somáticos e traços intelectuais e morais, não creio nela mais do que nas mesas girantes. Na falta de coisa melhor, eu chamaria de caracteres étnicos determinadas conformações físicas herdadas que encontramos mais frequentemente entre os judeus do que entre os não judeus. Ainda assim convém ser prudente: deveríamos falar em raças judaicas. Sabemos que nem todos os semitas são judeus, o que complica o problema; sabemos também que certos judeus loiros da Rússia se consideram ainda mais longe de um judeu crespo da Argélia do que de um ariano da Prússia Oriental. Na verdade, cada país tem seus judeus e a representação que podemos fazer do israelita quase não corresponde à que fazem nossos vizinhos. Quando eu vivia em Berlim, no início do regime nazista, tinha dois amigos franceses, um dos quais era judeu e o outro não. O judeu apresentava um "tipo semita acentuado"; nariz encurvado, orelhas de abano, lábios grossos. Sem vacilar, um francês iria reconhecê-lo como israelita. Mas, sendo loiro, magro e fleumático, os alemães nada percebiam; divertia-se às vezes saindo com SS que não suspeitavam de sua raça e um deles lhe disse um dia: "Sou capaz de reconhecer um judeu a cem metros." Meu outro amigo, ao contrário, corso e católico, filho e neto de católicos, tinha os cabelos negros e um pouco encaracolados, o nariz bourboniano, a tez pálida; era baixo e gordo; os moleques da rua jogavam-lhe pedras, chamando-o de *jude*: porque se assemelhava a um tipo de judeu oriental mais popular na representação dos alemães. Seja como for, e mesmo admitindo que todos os judeus estampam certos traços físicos em comum, não se poderia concluir daí, salvo pela mais vaga das analogias, que devem oferecer também os mesmos traços de caráter. Ou melhor: os signos físicos que se pode constatar no semita são espaciais, portanto, justapostos e separáveis. Posso imediatamente encontrar, a título isolado, um desses traços num ariano. Devo concluir então que esse ariano também possui determinada qualidade psíquica comumente atribuída aos judeus? É claro que não. Mas então toda a teoria racial desmorona: supõe que o judeu é uma totalidade indecomponível e ei-la convertida num mosaico onde cada elemento é uma pedrinha que podemos subtrair e colocar em outro conjunto; não podemos, pois, a partir do físico, concluir para o moral, nem postular um paralelismo psicofisiológico. Caso se afirme que é necessário tomar *o conjunto* dos caracteres somáticos, responderei: ou o conjunto é a *soma* dos traços étnicos e a soma não representa, de modo algum, o equivalente espacial de uma *síntese* psíquica, assim como uma associação de células cerebrais não corresponde a um pensamento; ou, quando se fala do aspecto físico do judeu, entende-se uma totalidade sincrética que se oferece à intuição. Nesse caso, de fato, pode tratar-se de uma *gestalt* no sentido em que Köhler entendia o termo, e é a isso, por certo, que aludem os antissemitas quando pretendem "farejar o judeu", "sentir o judeu" etc. Todavia, é impossível perceber os elementos somáticos à parte das significações psíquicas que se lhes mesclam. Eis um judeu sentado à porta de sua casa, na rue des Rosiers. Identifico-o imediatamente como judeu: sua barba é negra e encaracolada, o nariz ligeiramente adunco, as orelhas de abano, usa óculos com aros de ferro, um chapéu coco enterrado até os olhos, um traje preto, gestos rápidos e nervosos e apresenta um sorriso com uma estranha bondade dolorosa. Como desembaraçar o físico do moral? Sua barba é negra e encaracolada: é um caráter somático. Mas o que me impressiona acima de tudo, é que a deixe crescer; por aí expressa seu apego às tradições da comunidade judaica, designa-se como oriundo da Polônia, como pertencente a uma primeira geração de imigrantes; seu filho será menos judeu por ter-se barbeado? Outros traços, como a forma do nariz e o afastamento das orelhas são puramente anatômicos e outros puramente psíquicos e sociais, como a escolha do traje e dos óculos, as expressões e a mímica. O que, pois, o assinala a meus olhos como israelita, senão este conjunto indecomponível, em que o psíquico e o físico, o social, o religioso e o individual se interpenetram, senão essa síntese viva que não se poderia evidentemente transmitir pela hereditariedade e que, no fundo, é idêntica à *sua pessoa* toda? Encaramos, portanto, os caracteres somáticos e hereditários do judeu como um fator entre outros de sua situação, não como uma condição determinante de sua natureza.

Não sendo possível especificar o judeu por sua raça, iremos defini-lo por sua religião ou por uma comunidade nacional estritamente israelita? Agora, a questão se complica. Seguramente houve, em época remota, uma comunidade religiosa e nacional que se chamava Israel. Mas a história dessa comunidade é a de uma dissolução de 25 séculos. Perdeu primeiramente a soberania: houve o cativeiro da Babilônia, depois a dominação persa e, por fim, a conquista romana. Não se deve ver nisso o efeito de uma maldição, a menos que existam maldições geográficas: a situação da Palestina, encruzilhada de todas as rotas do comércio antigo, comprimida entre poderosos impérios, basta para explicar esse lento desapossamento. O laço religioso reforçou-se entre os judeus da Diáspora e os que permaneceram no seu solo hebreu: assumiu o sentido e o valor de um laço nacional. Mas essa "transferência" manifestou, como podemos supor, uma espiritualização dos vínculos coletivos, e espiritualização significa, apesar de tudo, enfraquecimento. Pouco depois, aliás, a divisão introduziu-se com o cristianismo: o aparecimento dessa nova religião provocou uma aguda crise no mundo israelita, levantando os judeus emigrados contra os da Judeia. Em face da "forma forte" que foi desde o começo o cristianismo, a religião hebraica surge imediatamente como uma forma fraca, em via de desagregação; ela só se mantém por uma complexa política de concessões e obstinação. Resiste às perseguições e à grande dispersão dos judeus no mundo medieval; resiste muito menos aos progressos das luzes e do espírito crítico. Os judeus que nos cercam conservam com sua religião apenas uma relação de cerimônia e cortesia. Perguntei a um deles por que circuncidara o filho. Respondeu-me: "Para satisfazer minha mãe e, além disso, é mais higiênico." "E sua mãe, por que se empenha nisso?" "Por causa de seus amigos e vizinhos." Sei que essas explicações demasiado racionais ocultam uma surda e profunda necessidade de se ligar a tradições e de se radicar, à falta de passado nacional, a um passado de ritos e costumes. Mas, precisamente, a religião não é, no caso, senão um meio simbólico. Não logrou resistir, ao menos na Europa Ocidental, aos ataques conjugados do racionalismo e do espírito cristão; os judeus ateus que eu inquiri reconhecem que seu diálogo sobre a existência de Deus prossegue com a religião cristã. A religião que atacam e da qual querem se desembaraçar é o cristianismo; seu ateísmo não se diferencia de modo algum do ateísmo de Roger Martin du Gard, que diz *desprender-se* da fé dos católicos. Nem por um instante são ateus *contra o Talmud*; e o sacerdote, para todos eles, é o cura, não o rabino.

Portanto, os dados do problema se afiguram como os seguintes: uma comunidade histórica concreta é primeiro *nacional* e *religiosa*; ora, a comunidade judaica que foi ambas as coisas esvaziou-se pouco a pouco desses caracteres concretos. Poderíamos chamá-la de bom grado comunidade histórica abstrata. Sua dispersão implica a desagregação das tradições comuns: e já indicamos mais acima que vinte séculos de dispersão e impotência política lhe proíbem ter um *passado histórico*. Se é verdade, como afirmou Hegel, que uma coletividade é histórica na medida em que tem memória de sua história, a comunidade judaica é a menos histórica de todas as sociedades, pois só pôde conservar memória de um longo martírio, ou seja, de uma longa passividade.

Então, o que garante à comunidade judaica a aparência de unidade? Para responder à pergunta, é preciso voltar à ideia de *situação*. Não é o passado, nem a religião, nem o solo que unem os filhos de Israel. Mas se dispõem de um liame comum, se merecem todos o nome de judeu, é porque possuem em comum uma situação de judeu, isto é, porque vivem no seio de uma comunidade que os considera judeus. Numa palavra, o judeu é perfeitamente assimilável pelas nações modernas, porém ele se define como aquele que as nações não querem assimilar. Pesa sobre ele, originariamente, o fato de ser o assassino de Cristo[1]. Já se refletiu sobre a situação intolerável desses homens condenados a viver no seio de uma sociedade que adora o Deus que eles mataram? Primitivamente, o judeu é, por conseguinte, homicida ou filho de homicida – e isso, aos olhos de um coletivo que concebe a responsabilidade sob uma forma pré-lógica, dá rigorosamente no mesmo – e como tal é tabu. Não é isso, evidentemente, que explica o antissemitismo moderno; mas se o antissemita escolheu o judeu como objeto de seu ódio, é devido ao horror religioso que este sempre lhe inspirou. Esse horror teve por efeito um curioso fenômeno econômico: se a Igreja medieval tolerou os judeus, quando podia assimilá-los à força ou exterminá-los, foi porque preenchiam uma função econômica de primeira necessidade: malditos, exerciam um ofício maldito, porém indispensável; não podendo possuir terras nem servir no exército, praticavam o comércio do dinheiro, que um cristão não podia desenvolver sem se macular. Assim, a maldição original redobrou-se

1 Notemos imediatamente que se trata aqui de uma lenda criada pela propaganda cristã da Diáspora. Não cabe dúvida que a cruz é um suplício *romano* e que Cristo foi executado pelos *romanos* como agitador político.

bem cedo com uma maldição econômica e foi sobretudo esta última que persistiu. Reprovamos aos judeus o exercer ofícios improdutivos, sem nos darmos conta que sua aparente autonomia no quadro da nação procede do fato de terem sido, a princípio, isolados nessas ocupações, vedando-se-lhes todas as demais. Desse modo não constitui exagero afirmar que foram os cristãos que *criaram* o judeu, provocando uma brusca parada de sua assimilação e provendo-o, contra a sua vontade, de uma função em que depois destacou-se. Ainda nesse quesito, trata apenas de uma lembrança: a diferenciação das funções econômicas é hoje tal que não se pode consignar ao judeu um ofício definido; no máximo, poderíamos observar que sua longa exclusão de determinadas ocupações o desviou de seu exercício quando lhe surgiu a possibilidade. Mas as sociedades modernas se apoderaram dessa lembrança, convertendo-a no pretexto e na base de seu antissemitismo. Portanto, se queremos saber o que é o judeu contemporâneo, é necessário perguntá-lo à consciência cristã: é preciso perguntar-lhe não "o que é um judeu", mas "o que *fizeste* dos judeus?"

O judeu é um homem que os outros homens consideram judeu: eis a simples verdade de onde se deve partir. Nesse sentido, o democrata tem razão contra o antissemita: o antissemita é que *faz* o judeu. Mas reduziríamos erradamente a desconfiança, a curiosidade, a hostilidade disfarçada que os israelitas encontram em seu redor, às manifestações intermitentes de alguns apaixonados. Como vimos, o antissemita é, acima de tudo, a expressão de uma sociedade primitiva, cega e difusa que subsiste em estado latente na coletividade legal. Não cabe, portanto, supor que um impulso generoso, algumas boas palavras, uma penada bastem para suprimi-lo: é como se imaginássemos ter eliminado a guerra porque denunciamos seus efeitos num livro. O judeu aprecia, sem dúvida, com o devido valor, a simpatia que lhe manifestam, mas ela não poderia impedi-lo de ver o antissemitismo como uma estrutura permanente da comunidade onde vive. Por outro lado, sabe que os democratas e todos os seus defensores tendem a tratar o antissemitismo com condescendência. De fato, em primeiro lugar, estamos numa república e todas as opiniões podem ser externadas livremente. Ademais, o mito da União Sagrada ainda exerce tamanha influência sobre os franceses que eles se dispõem aos maiores compromissos a fim de evitar os conflitos interiores, sobretudo nos períodos de crise internacional que são, por certo, os períodos em que o antissemitismo é mais virulento. Naturalmente, é o democrata, ingênuo e de boa vontade, que faz todas as concessões: o antissemita não faz nenhuma. Recebe o benefício da cólera; os outros dizem: "Não o irritemos...", falam em voz baixa ao seu redor. Em 1940, por exemplo, muitos franceses se enfileiraram ao lado do governo de Pétain, que não se abstinha de pregar a União com todos os subentendidos que conhecemos. Em seguida, esse governo tomou medidas antissemitas. Os *pétainistas* não protestaram. Sentiam-se muito pouco à vontade, mas então? Se a França podia salvar-se ao preço de alguns sacrifícios, não era melhor fechar os olhos? Sem dúvida, não eram antissemitas, e até falavam aos judeus que encontravam com uma comiseração cheia de delicadeza. Mas como pretender que esses judeus não tenham sentido que seu destino era sacrificado às miragens de uma França unida e patriarcal? Hoje[2], os que os alemães não deportaram ou assassinaram retornam às suas casas. Muitos figuraram entre os resistentes da primeira hora; outros têm um filho ou um primo no Exército de Leclerc. A França inteira se rejubila e fraterniza nas ruas, as lutas sociais parecem provisoriamente esquecidas; os jornais dedicam colunas inteiras aos prisioneiros de guerra, aos deportados. Irá alguém mencionar os judeus? Irá alguém saudar o regresso ao nosso meio dos que escaparam, conceder um pensamento aos que morreram nas câmaras de gás de Lublin? Nem uma palavra. Nem uma linha nos diários. É que não se deve irritar os antissemitas. Mais do que nunca a França necessita de união. Os jornalistas bem-intencionados nos dizem: "No interesse dos próprios judeus, não convém, neste momento, falar muito neles. " Durante quatro anos, a sociedade francesa viveu sem eles, convém não enfatizar demasiado seu reaparecimento. Haverá quem acredite que os judeus não percebem a situação? Haverá quem acredite que não compreendem as razões desse silêncio? Entre eles existem alguns que aprovam tal atitude e dizem: "Quanto menos se falar de nós, melhor será". Um francês seguro de si, de sua religião, de sua raça, conseguirá entender o estado de espírito que dita semelhantes palavras? Não se vê que é necessário ter sentido

2 Escrito em outubro de 1944.

durante anos, em seu próprio país, a hostilidade, uma malevolência sempre alerta, uma indiferença sempre pronta a azedar, para chegar a essa sabedoria resignada, a essa política de apagamento? Efetuaram, pois, um regresso clandestino e sua alegria de libertados não se fundiu com a alegria da nação. Que isso os fez sofrer, prova-o à saciedade o seguinte pormenor: escrevi nas *Lettres Françaises*, sem pensar muito no caso, a título de enumeração completa, não sei que frase sobre os sofrimentos dos prisioneiros, dos deportados, dos presos políticos e dos judeus. Alguns israelitas me agradeceram de modo comovente: em que abandono não deveriam sentir-se para que se lembrassem de agradecer a um autor por ter escrito *a palavra* judeu num artigo?

Assim, o judeu está em situação de judeu porque vive no seio de uma coletividade que o considera judeu. Tem inimigos apaixonados e defensores sem paixão. O democrata professa a moderação; inculpa ou admoesta enquanto os outros põem fogo nas sinagogas. É tolerante por estado; nutre mesmo o esnobismo da tolerância e o estende aos inimigos da democracia: por acaso não foi moda, na esquerda radical, acreditar que Maurras possuía gênio? Como não compreenderia também o antissemita? Sente-se como fascinado por todos os que planejam sua perda. E no fundo talvez alimente um pesar pela violência que ele proíbe a si mesmo. E, sobretudo, a partida não é igual: para que o democrata infundisse algum apego ao advogar a causa do judeu, seria preciso que fosse também maniqueísta e que considerasse o judeu como o princípio do bem. Mas como seria possível? O democrata não é louco. Caso se faça advogado do judeu é porque o encara como um membro da humanidade; ora, a humanidade conta com outros membros que é preciso igualmente defender, o democrata tem muito o que fazer: ocupa-se do judeu quando lhe resta lazer; o antissemita possui apenas um inimigo, pode dedicar-lhe todo o seu tempo; é o antissemita que dá o tom. Atacado com vigor, debilmente defendido, o judeu sente-se em perigo numa sociedade na qual o antissemitismo constitui uma tentação perpétua. Eis o que devemos examinar mais de perto.

Os judeus franceses pertencem, na maioria, à pequena ou à grande burguesia. Na maior parte, exercem ofícios que eu denominaria de opinião, no sentido de que o êxito neles não depende da habilidade que se tenha para trabalhar a matéria, mas da opinião que os outros homens formam a nosso respeito. Que a gente seja advogado ou chapeleiro, a clientela vem se lhe agradamos. Resulta que esses ofícios apresentam-se cheios de cerimônias: é necessário seduzir, reter, captar a confiança; a correção do traje, a severidade aparente do comportamento e a honorabilidade têm relação com tais cerimônias, essas mil pequenas danças que se deve executar com perícia a fim de atrair o freguês. Assim, o que vale acima de tudo, é a reputação: *conquista-se* uma reputação, vive-se dela; significa que no fundo se está na inteira dependência de outros homens, enquanto o camponês tem a haver-se primeiramente com a sua terra, o operário, com a matéria e suas ferramentas. Ora, o judeu encontra-se numa situação paradoxal, é-lhe lícito adquirir, como os outros e por intermédio dos mesmos procedimentos, uma reputação de honestidade. Mas ela se acrescenta a uma reputação primeira, dada de pronto e da qual não consegue desvencilhar-se por mais que se esforce: a de ser judeu. Um operário judeu esquecerá na mina, sobre o seu vagonete, na fundição, que é judeu. Um comerciante judeu não pode esquecê-lo. Multiplique-se os atos de desinteresse e honestidade, hão de chamá-lo talvez *bom* judeu. Mas judeu é, e judeu permanecerá. Ao menos, quando o qualificam de honesto ou de desonesto, ele sabe onde está. Conserva a lembrança dos atos que lhe valeram tais epítetos. Quando o cognominam judeu, porém, tudo é diferente: trata-se, na verdade, não de uma condição particular, porém de um certo *ar*, comum a todas as suas condutas. Repetiram-lhe que um judeu pensa como um judeu, dorme, bebe, come como um judeu, é honesto ou desonesto à maneira judaica. Ora, por mais que se examine, não logra descobrir esse ar em seus atos. Nós temos consciência de nosso estilo de vida? Na realidade, estamos demasiado apegados a nós mesmos para podermos tomar a nosso próprio respeito um ponto de vista objetivo de testemunho. Não obstante, a palavrinha "judeu" surgiu um belo dia em sua vida e nunca mais a abandonou. Certos garotos trocaram, aos seis anos, socos com colegas de escola que os apelidaram *youpins*. Outros foram mantidos durante longo tempo na ignorância de sua origem. Certa jovem israelita, numa família que eu conheço, ignorava até os quinze anos a acepção mesma do termo judeu. Durante a ocupação, um médico judeu de Fontainebleau, que vivia fechado em sua casa, criava os netos sem lhes dizer palavra acerca de sua proveniência. Mas, seja como for, algum dia devem inteirar-se da verdade: às vezes, é pelo sorriso das pessoas que os rodeiam, outras vezes por um rumor ou por insultos. Quanto mais tardia a descoberta, mais violento é o abalo: de repente, percebem que os outros sabem a respeito deles algo que ignoravam, que se lhes aplica esse qualificativo equívoco e inquietante que não é empregado em suas famílias. Sentem-se separados, excluídos da sociedade das crianças normais que correm e brincam tranquilamente e em segurança ao seu redor e que não recebem *nome especial*. Entram em suas casas, fitam o pai e pensam: "Será que ele também é judeu?" e o respeito que lhe dedicam é envenenado. Como querer que não permaneçam durante toda a vida com a marca dessa primeira revelação? Foram descritas centenas de vezes as perturbações que surgem numa criança quando descobre de súbito que seus pais mantêm relações sexuais; como não sofreria perturbações análogas o pequeno judeu que contempla seus pais furtivamente e pensa: "São judeus."

Em sua família, no entanto, dizem-lhe que é preciso orgulhar-se de ser judeu. Ele não sabe em quem acreditar, sente-se dividido entre a humilhação, a angústia e o orgulho. Sente que está à parte, mas não compreende o que o aparta, está certo apenas de uma coisa: que aos olhos dos demais, faça o que fizer, é e continuará sendo judeu. Indignamo-nos, com razão, em face da imunda "estrela amarela" que o governo alemão impôs aos judeus. Parecia insuportável que se *designasse* o judeu, que o obrigassem a sentir-se perpetuamente judeu aos olhos de outrem. Isso chegava a tal ponto que se tentava por todos os meios testemunhar uma simpatia cortês aos infelizes assim marcados. Mas como certas pessoas bem-intencionadas resolveram tirar o chapéu para cumprimentar os judeus que encontravam na rua, estes declararam que tais cumprimentos lhes eram muito penosos. Sob os olhares significativos, brilhando de compaixão, que os acompanhavam, sentiam-se convertidos em *objetos*. Objetos de comiseração, de piedade, tudo o que se queira: mas objetos. Constituíam, para esses virtuosos liberais, a ocasião de efetuar um gesto generoso, de manifestar-se: não eram mais do que uma ocasião; os liberais eram livres, inteiramente livres, em face dos judeus, de lhes apertar a mão ou de lhes cuspir no rosto, decidiam segundo a sua moral, segundo a escolha que haviam feito de si próprios; o judeu não tinha a liberdade de ser judeu. Assim, as almas mais fortes preferiam ainda o gesto de ódio ao gesto caritativo, porque o ódio é uma paixão e parece menos livre; ao passo que a caridade se faz de alto a baixo. Compreendêramos tão bem tudo isso que, no fim, desviávamos os olhos ao cruzar com um judeu portador da estrela. Ficávamos pouco à vontade, incomodados por nosso próprio olhar que, se pousava nele, o constituía como judeu, a despeito dele, a despeito de nós; o supremo recurso da simpatia, da amizade era, no caso, o de parecer ignorar: pois, qualquer esforço que envidássemos para alcançar *a pessoa*, iríamos deparar necessariamente com o *judeu*. Como não se percebeu que o decreto nazista levara apenas ao extremo uma situação de fato à qual anteriormente nos acomodávamos muito bem? É certo que antes do armistício o judeu não usava estrela. Mas seu nome, seu rosto, seus gestos, milhares de outros traços o designavam como judeu; passeasse pelas ruas, entrasse no café, numa loja, num salão, sabia que estava *marcado* como judeu. Se alguém vinha a seu encontro com um ar expansivo demais ou risonho demais, sabia que se tornava *objeto* de uma manifestação de tolerância, que seu interlocutor o escolhera como pretexto para declarar ao mundo e declarar a si mesmo: eu tenho ideias amplas, não sou antissemita, só conheço indivíduos e ignoro as raças. No entanto, dentro de si, o judeu se julga semelhante aos outros: fala a mesma língua, alimenta os mesmos interesses de classe, os mesmos interesses nacionais, lê os jornais que os outros leem, vota como eles, compreende suas opiniões e as compartilha. Mas lhe dão a entender que não é assim, visto que há uma "maneira judaica" de falar, ler e votar. Se pede explicações, traçam-lhe um retrato em que ele não se reconhece. Entretanto, não há dúvida de que é o seu retrato, visto que milhões de homens concordam em sustentá-lo. O que há de fazer? Veremos logo que a raiz da perturbação judaica reside nessa necessidade em que se vê o judeu de interrogar-se incessantemente e, por fim, de tomar partido sobre essa personagem fantasma, desconhecida e familiar, inatingível e muito próxima, que o assombra e que não é outra senão ele próprio, ele próprio tal como é para outrem. Alguém dirá que o mesmo acontece a cada um de nós, que todos nós temos um caráter familiar para o nosso próximo e que nos escapa. Sem dúvida: e isso é, no fundo, apenas a expressão de nossa relação fundamental com o Outro. Mas o judeu tem como nós um caráter e, de mais a mais, é judeu. Trata-se, para ele, de algum modo, de uma duplicação da relação fundamental com outrem. Está superdeterminado.

A seus olhos, sua situação torna-se ainda mais incompreensível, porque goza plenamente de seus direitos de cidadão, ao menos quando a sociedade em que vive se encontra em equilíbrio. Nos períodos de crise e perseguição, é cem vezes mais desgraçado, porém ao menos pode revoltar-se e, por uma dialética análoga àquela que Hegel descreveu no *Senhor e Escravo*, reencontrar a liberdade contra a opressão e negar sua natureza maldita de judeu resistindo, pelas armas, aos que pretendem impor-lha. Mas quando tudo está em calma, contra quem se rebelaria ele? Aceita, sem dúvida, a coletividade que o rodeia, posto que deseja jogar o jogo e dobra-se a todas as cerimônias em uso, dançando como os outros a dança da honorabilidade e da respeitabilidade; além disso, não é escravo de ninguém: livre cidadão num regime que autoriza a livre concorrência, nenhuma dignidade social, nenhum cargo estatal lhe é vedado; será condecorado com a Legião de Honra, será grande advogado, ministro. Mas, no preciso instante em que toca o cimo da sociedade legal, outra sociedade amorfa, difusa, onipresente revela-se-lhe por relâmpagos e se lhe recusa. Então, sente de maneira muito aguda a vaidade das honras e da fortuna, visto que o maior êxito jamais lhe permitirá ascender a essa sociedade que pretende ser a *verdadeira*: ministro, será ministro judeu, ao mesmo tempo uma excelência e um intocável. No entanto, não se choca com nenhuma resistência particular: mas ao seu redor produz-se como que uma fuga, um vazio impalpável abre-se e, sobretudo, uma invisível química desvaloriza tudo quanto ele toca. Na verdade, numa sociedade burguesa, a mistura constante de pessoas, as correntes coletivas, as modas e os costumes criam *valores*. Os valores dos poemas, dos móveis, das casas, das paisagens, procedem em grande parte dessas condensações espontâneas que se depositam sobre os objetos qual uma ligeira névoa; são estritamente nacionais e resultam do funcionamento normal de uma coletividade tradicionalista e histórica. Ser francês não é apenas ter nascido na França, votar, pagar impostos, é sobretudo dispor do uso e da inteligência desses valores. E ao participar de sua criação, sentimo-nos de alguma forma seguros de nós mesmos, justificados de existir por uma espécie de adesão à coletividade inteira; saber apreciar um móvel Luís XVI, a sutileza de uma frase de Chamfort, uma paisagem de Île-de-France, um quadro de Claude Lorrain, é afirmar e sentir nosso pertencimento à sociedade francesa, é renovar um contrato social tácito com todos os membros dessa sociedade. Imediatamente a vaga contingência de nossa existência se desvanece e dá lugar à necessidade de uma existência de direito. Cada francês que se comove com a leitura de Villon, com a vista do palácio de Versailles, torna-se função pública e figura de direitos imprescritíveis. Ora, o judeu é o homem a quem se recusa, por princípio, o acesso a tais valores. Sem dúvida, o operário encontra-se no mesmo caso.

Porém, a situação é diferente: ele pode rejeitar com desdém os valores e a cultura burgueses, pode planejar substituí-los pelos seus próprios. O judeu pertence, em princípio, à própria classe das pessoas que o renegam, partilha de seus gostos e de seu modo de vida; *toca* nesses valores, mas não os vê; deveriam pertencer-lhe, mas lhe são recusados; dizem-lhe que é cego. Isso, naturalmente, é falso: poderá alguém acreditar que Bloch, Crémieux, Suarès, Schwob, Benda compreendem menos as grandes obras francesas que um merceeiro ou um policial cristãos? Poderá alguém crer que Max Jacob sabia manejar menos desenvolto o nosso idioma do que um secretário de prefeitura "ariano"? E Proust, meio judeu, só compreendia Racine pela metade? E quem entendia melhor Stendhal, o ariano Chuquet, célebre cacográfico, ou o judeu Léon Blum? Mas pouco importa que scja um erro, o fato é que o erro é coletivo. E o judeu deve decidir por si mesmo se é verdadeiro ou falso, ou melhor: é preciso que se submeta à prova. Ainda assim, os outros entender-se-ão sempre para recusar a prova por ele fornecida. Pode ir tão longe quanto queira para compreender uma obra, um costume, uma época, um estilo: o que constituirá o *verdadeiro* valor do objeto considerado, valor acessível tão somente aos franceses da França real, é justamente o que está "além", o que é inexpressável em palavras. Em vão, contraporá a sua cultura, seus trabalhos: é uma cultura judaica, são trabalhos judeus e ele é judeu precisamente nisso. Não suspeita sequer o que se deve compreender. Por isso, tenta-se persuadi-lo de que o verdadeiro sentido das coisas escapa-lhe, ao seu redor forma-se uma nebulosidade inapreensível que é a *verdadeira* França, com seus *verdadeiros* valores, seu *verdadeiro* tato, sua *verdadeira* moralidade e em tudo isso ele não tem a menor parte. Ainda assim, pode adquirir todos os bens que lhe aprouver, terras e castelos, se tem com quê: mas no momento mesmo em que se torna proprietário legal, a propriedade muda sutilmente de significação. Só um francês, filho de franceses, filho ou neto de camponeses é capaz de possuir realmente. Para possuir uma casinhola numa aldeia, não basta tê-la comprado com dinheiro honesto; cumpre conhecer todos os vizinhos, seus pais e avós, as culturas circundantes, as faias e os carvalhos da floresta, saber lavrar, pescar, caçar, ter feito durante a infância entalhes nas árvores e tê-los alargado na maturidade. Podemos estar seguros de que o judeu não preenche tais condições. No fim de contas, quiçá nem o francês, porém há graças divinas, há uma maneira judaica e outra francesa de confundir a aveia com o trigo. Assim o judeu permanece o estrangeiro, o intruso, o inassimilado no próprio seio da coletividade. Tudo lhe é acessível e, não obstante, nada possui, pois o que se possui, dizem-lhe, não se compra. Tudo o que toca, tudo o que adquire, desvaloriza-se em suas mãos; os bens da terra, os verdadeiros bens, são sempre aqueles que ele não tem. Porém, sabe que contribui tanto quanto outro para forjar o futuro da coletividade que o repele. Mas se o futuro lhe pertence, ao menos se lhe recusa o passado. E, de mais a mais, é necessário reconhecê-lo, se ele volta para o passado, verifica que sua raça não tomou qualquer parte nele: nem os reis de França, nem seus ministros, nem os grandes capitães, nem os grandes senhores, nem os artistas, nem os sábios foram judeus; não foi o judeu que fez a Revolução Francesa. A razão é simples: até o século XIX, os judeus, como as mulheres, viviam sob tutela; por isso sua contribuição à vida política e social é, como a das mulheres, de data recente. Os nomes de Einstein, Charlie Chaplin, Bergson, Chagall e Kafka bastam para mostrar o que poderiam dar ao mundo se fossem emancipados mais cedo. Mas não importa, o fato é esse. Tais franceses não dispõem da história da França. Sua memória coletiva não lhes fornece senão lembranças de obscuros *pogroms*, de guetos, êxodos, grandes sofrimentos monótonos, vinte séculos de repetição e não de evolução. O judeu ainda não é *histórico*, contudo é, ou quase, o mais antigo dos povos: é o que lhe infunde o ar perpetuamente envelhecido e sempre novo; possui uma sabedoria e não uma história. O que tem isso? Alguém dirá: basta acolhê-lo sem reservas. Nossa história será a sua ou ao menos a de seu filho. Mas é exatamente o que os outros tomam o cuidado de não concretizar. Por isso flutua, incerto, desarraigado. Que não resolve, aliás, voltar para Israel a fim de encontrar uma comunidade e um passado que compensem os que lhe são denegados. Essa comunidade judaica que não se baseia, ao menos na França contemporânea, nem sobre a nação, nem sobre a terra, nem sobre a religião, nem sobre os interesses materiais, mas sobre uma identidade da situação, poderia ser um vínculo verdadeiramente *espiritual* de afeto, cultura e ajuda mútua. Mas seus inimigos dirão imediatamente que é étnica e ele mesmo, muito embaraçado, para designá-la, usará talvez a palavra "raça". No mesmo instante, concede razão ao antissemita: "Como vocês bem percebem, há uma *raça* judaica, eles próprios o reconhecem e, ademais, eles se agrupam em toda parte." E, com efeito, se os judeus querem extrair dessa comunidade um orgulho legítimo, como não podem orgulhar-se, nem de uma coletividade especificamente judaica, nem de uma civilização propriamente israelita, nem de um misticismo comum, acabarão necessariamente exaltando qualidades raciais. Assim o antissemita ganha todas as jogadas. Em suma, exige-se do judeu, intruso na sociedade francesa, que permaneça isolado. Se ele não consegue, insultam-no. Mas se obedece, não o assimilam, *toleram-no*. E ainda com uma desconfiança que o obriga, em cada ocasião, a "apresentar as provas". Em caso de guerra, ou de motim, o "verdadeiro" francês não precisa apresentar provas: cumpre simplesmente suas obrigações militares ou civis. Mas, para o judeu, não é a mesma coisa: pode estar certo de que se contará sem benevolência o número de judeus nos exércitos. Desse modo, sente-se de pronto solidário com todos os seus correligionários. Mesmo que haja passado da idade de guerrear, sentirá – levando-a ou não à prática – a necessidade de alistar-se, pois se pretende em toda parte que os judeus sempre conseguem "se safar". Rumor fundado, alguém dirá. Mas não: numa análise de Stekel sobre um complexo judaico de que falarei mais adiante, li a seguinte frase: "Os cristãos afirmam em geral", é uma judia que depõe: "Os judeus se esquivam enquanto podem fazê-lo. Por isso meu marido quis alistar-se como voluntário." Ora, trata-se do início do conflito de 1914 e a Áustria não travara guerra desde 1866, que conduzira com um exército regular. Essa reputação imputada aos judeus na Áustria, e na França também, constitui, pois, meramente o fruto espontâneo da desconfiança para com o judeu. Em 1938, durante a crise internacional cujo desfecho se verificou em Munique, o governo francês convocou apenas certas categorias de reservistas: assim a maioria dos homens aptos a tomar armas não estava ainda mobilizada. No entanto, já haviam apedrejado a vitrine de um de meus amigos, comerciante judeu em Belleville, tratando-o de refratário. Assim, para que o deixem em paz, o judeu deveria ser convocado antes dos outros; em caso de penúria, deveria ficar mais faminto do que os outros; e se uma desgraça coletiva atinge o país, cumpre-lhe ser o mais atingido. A obrigação perpétua de dar a prova de que é francês acarreta para o judeu *uma situação de culpabilidade*: em quaisquer ocasiões, se não faz mais do que os outros, muito mais do que os outros, é culpado. É um judeu imundo e, poder-se-ia dizer, parodiando uma frase de Beaumarchais: a julgar pelas qualidades que se exigem ao judeu para assimilá-lo a um "verdadeiro" francês, quantos franceses, em seu próprio país, seriam dignos de ser judeus?

Como o judeu depende da opinião no tocante à sua profissão, seus direitos e sua vida, sua situação é de todo instável; legalmente inatacável, está à mercê de um humor, de uma paixão da sociedade "real". Espreita os progressos do antissemitismo, prevê as crises, as ondas que vêm do fundo, como o camponês espreita e prevê as tempestades: calcula sem descanso as repercussões dos acontecimentos exteriores sobre sua própria posição. Pode acumular garantias legais, riquezas, honras, tudo isso só o torna mais vulnerável, e ele o sabe. Assim, parece-lhe ao mesmo tempo que seus esforços se coroam sempre de êxito, pois conhece os triunfos fulminantes de sua raça, e que uma maldição lhe imprime o selo da inutilidade; jamais obterá a segurança do cristão mais humilde. Tal é, quiçá, um dos sentidos de *O Processo* do israelita Kafka: como o herói do romance, o judeu está empenhado em longo processo, não conhece seus juízes, mal conhece os seus advogados; não sabe do que o inculpam e, no entanto, sabe que o consideram culpado; o julgamento é incessantemente adiado para outra semana, outra quinzena, dilação que ele aproveita para garantir-se de mil maneiras; mas cada uma dessas precauções tomadas às cegas o afunda um pouco. mais na culpabilidade; sua situação externa pode parecer brilhante, porém o interminável processo o corrói invisivelmente, e ocorre, às vezes, como no romance, que certos homens o prendem, o arrastam, pretendendo que haja perdido a causa, e o assassinam num terreno baldio dos subúrbios.

Cabe razão aos antissemitas quando afirmam que o judeu come, bebe, lê e morre como judeu. O que mais poderia fazer? Envenenaram-lhe sutilmente a comida, o sono e até a morte; como não se veria o judeu, a cada minuto, coagido a tomar posição em face desse envenenamento? E desde que põe o pé fora de casa, desde que encontra os outros, na rua, em um lugar público, sente sobre si o olhar daqueles que um jornal judeu chama de "Eles", e o sente com uma mistura de medo, desprezo, censura, amor fraternal. É preciso que se decida: aceita ou não ser a personagem que o forçam a representar. E se aceita, em que medida? E se recusa, recusa todo e qualquer parentesco com os outros israelitas? Ou somente um parentesco étnico? Faça o que fizer, está lançado nesse caminho. Pode escolher entre ser corajoso ou covarde, triste ou alegre; pode escolher entre matar os cristãos ou amá-los. Mas não pode escolher não ser judeu. Ou melhor, se faz essa escolha, se declara que o judeu não existe, nega-se violenta e desesperadamente em si o caráter judeu, é precisamente nisso que ele é judeu. Pois eu, que não sou judeu, nada tenho a negar, nem a provar, ao passo que, se o judeu decidiu que sua raça não existe de modo algum, compete-lhe *prová-lo*. Ser judeu é ser atirado à situação judaica, *abandonado* nela e é, ao mesmo tempo, ser responsável em e por sua própria pessoa pelo destino e pela natureza mesma do povo judeu. Pois, qualquer coisa que o judeu diga ou faça, tenha ele uma consciência obscura ou clara de suas responsabilidades, tudo sucede, no que lhe concerne, como se devesse confrontar todos os seus atos com um imperativo do tipo kantiano, tudo sucede como se devesse perguntar, em cada caso: "Se todos os judeus agissem como eu, o que adviria da realidade judaica?" E, às questões que ele se propõe ("o que aconteceria se todos os judeus fossem sionistas ou, ao contrário, se todos se convertessem ao cristianismo, se todos os judeus negassem que são judeus etc."), deve responder sozinho e sem ajuda, fazendo sua própria escolha.

Se convirmos que o homem é uma liberdade em situação, conceberemos facilmente que tal liberdade possa definir-se como autêntica ou inautêntica, segundo a escolha que ela faça de si mesma na situação em que surge. A autenticidade, é evidente por si, consiste em tomar uma consciência lúcida e verídica da situação, em assumir as responsabilidades e os riscos que tal situação comporta, em reivindicá-la no orgulho ou na humilhação, às vezes no horror e no ódio. Não resta dúvida que a autenticidade exige muita coragem e mais do que coragem. Por isso não é de espantar que a inautenticidade seja a mais espalhada. Quer se trate de burgueses, de cristãos, a maioria é inautêntica, no sentido de que se recusa a viver até o fim sua condição burguesa e cristã e de que mascara sempre certas partes desta. E quando os comunistas inscrevem em seu programa a "radicalização das massas", quando Marx explica que a classe proletária *deve* tomar consciência de si mesma, o que significa isso senão que o operário também é primeiramente inautêntico. O judeu não escapa à regra: a autenticidade, para ele, é viver até o fim a sua condição de judeu; a inautenticidade, negá-la ou tentar elidi-la. E sem dúvida, a inautenticidade é mais tentadora para ele do que para os outros homens, pois a situação que lhe cumpre reivindicar e viver é simplesmente a de mártir. O que os homens menos favorecidos descobrem comumente em sua situação, é um laço de solidariedade concreta com outros homens: a condição econômica do assalariado, vivida em perspectivas revolucionárias, a de membro de uma igreja, ainda que perseguida, comportam uma unidade profunda de interesses materiais e espirituais. Mas já demonstramos que os judeus não têm entre si comunidade de interesses, nem comunidade de crença. Não possuem a mesma pátria, não possuem qualquer história. O único vínculo que os une é o desprezo hostil que lhes devotam as sociedades que os circundam. Assim o judeu autêntico é o que se reivindica no e pelo desprezo que lhe testemunham; a situação que quer compreender e viver plenamente é, em tempo de paz social, quase inapreensível: é uma atmosfera, um senso sutil de rostos e palavras, uma ameaça que se dissimula nas coisas, um liame abstrato que o une a outros homens, aliás muito diferentes dele. Ao invés, tudo conspira para apresentá-lo como simples francês a seus próprios olhos: a prosperidade de seus negócios depende estreitamente da prosperidade do país, a sorte de seus filhos prende-se à paz, à grandeza da França, a língua que ele fala e a cultura que lhe ministraram permitem-lhe fundamentar seus cálculos e raciocínios sobre princípios comuns à nação inteira. Bastar-lhe-ia, pois, deixar o barco correr para olvidar a condição de judeu se, como verificamos, não se deparasse em toda parte com este veneno quase indiscernível: a consciência hostil de outrem. Não pode surpreender de modo algum que haja judeus inautênticos, mas que, proporcionalmente, haja menos do que cristãos inautênticos. Não obstante, inspirando-se em certas condutas dos judeus inautênticos é que o antissemita forjou a sua mitologia do judeu em geral. Na verdade, o que caracteriza tais judeus é que vivem sua situação, fugindo-lhe; escolheram negá-la, ou negar sua responsabilidade, ou negar seu desamparo que lhes parece intolerável. Isso não significa necessariamente que desejem destruir o conceito de judeus ou que deneguem explicitamente a existência de uma realidade judaica. Mas seus gestos, sentimentos e atos visam destruir em surdina tal realidade. Numa palavra, os judeus inautênticos são homens que os outros homens consideram judeus e que optaram por escapar a essa situação insuportável. Daí resultam em seu meio comportamentos diversos, que não se verificam todos ao mesmo tempo na mesma pessoa e cada um dos quais pode caracterizar-se como um *caminho de fuga*. O antissemita reuniu e juntou todas essas distintas vias de escape, as vezes incompatíveis, e traçou assim um retrato monstruoso, pretendendo que é o do judeu em geral; ao mesmo tempo, apresenta esses livres esforços para escapar a uma situação penosa como traços hereditários, gravados no próprio corpo do israelita e, por conseguinte, impossíveis de modificar. Se queremos ver com clareza é preciso desmembrar o retrato, conceder autonomia aos "caminhos de fuga", apresentá-las como *empreitadas*, em vez de considerá-los qualidades inatas. É necessário compreender que a nomenclatura de tais caminhos aplica-se unicamente ao judeu *inautêntico* (o termo "inautêntico" não implica, naturalmente, nenhuma censura moral) e que devemos completá-la mediante uma descrição da autenticidade judaica. Enfim, é preciso nos impregnarmos dessa ideia que é a *situação* do judeu, ideia que deve, em todas as circunstâncias, servir-nos de fio condutor. Se apreendermos esse método e se o aplicarmos com rigor, talvez possamos substituir o grande mito maniqueísta de Israel por algumas verdades mais fragmentárias, porém mais precisas.

Qual é o primeiro traço da mitologia antissemita? O judeu, declara o antissemita, é um ser complicado, que passa o tempo analisando-se e sutilizando. Afirmam que ele gosta de "fazer tempestade em copo d'água", mas não perguntam se essa tendência para a análise e a introspecção é compatível com a dureza nos negócios e o oportunismo cego que lhe atribuem em outras coisas. De nossa parte reconhecemos que a escolha da fuga de si acarreta, em certos judeus, na maioria intelectuais, uma atitude quase constantemente reflexiva. Mas ainda assim devemos entender-nos. Pois essa reflexividade não é hereditária: é um caminho de fuga; e somos nós que obrigamos o judeu a evadir-se.

A propósito, Stekel, com vários outros psicanalistas, fala de um "complexo judaico". E numerosos são os judeus que mencionam o seu complexo de inferioridade. Não vejo inconveniente em utilizar essa expressão, se fica estabelecido que tal complexo não é recebido do exterior e que o judeu *se põe em condição de complexo* quando opta por viver sua situação no modo inautêntico. Em suma, deixou-se persuadir pelos antissemitas, é a primeira vítima da propaganda deles. Admite, com os antissemitas, que, *se há um judeu*, deve ter os caracteres que a malevolência popular lhe atribui e seu esforço dirige-se no sentido de constituir-se em mártir, na acepção própria do termo, isto é, de provar por meio de *sua pessoa* que não há judeu. A angústia assume muitas vezes nele uma forma especial: torna-se o medo de agir ou sentir como judeu. Conhecemos certos psicastênicos obcecados por seu medo de matar, de atirar-se pela janela ou de proferir palavras grosseiras. Em certa medida, e embora suas angústias raramente atinjam um nível patológico, certos judeus se lhes comparam: deixaram-se envenenar por determinada representação que os outros fazem deles e vivem no temor de que seus atos se conformem a tal representação. Assim poderíamos dizer, retomando um termo de que nos servimos há pouco, que suas condutas se apresentam perpetuamente sobredeterminadas a partir do interior. Na verdade, seus atos não só possuem os motivos que podemos consignar aos não judeus – interesses, paixão, altruísmo etc. – mas visam, além disso, distinguir-se radicalmente dos atos catalogados como "judeus". Quantos judeus são deliberadamente generosos, desinteressados e até magníficos *porque se* considera comumente o judeu como um homem ávido por dinheiro! Notemos, isso não significa absolutamente que tenham de lutar contra "tendências" para a avareza. Não há qualquer razão *a priori* para que o judeu seja mais avaro do que o cristão. Isto significa antes que seus gestos de generosidade estão envenenados pela decisão de serem generosos. A espontaneidade e a escolha deliberada apresentam-se, no caso, inextricavelmente mescladas. O fim pretendido é, ao mesmo tempo, obter certo resultado no mundo exterior e provar a si mesmo, provar aos outros, que não existe natureza judaica. Por isso muitos judeus inautênticos simulam não ser *judeus*. Vários me contaram sua curiosa reação após o armistício: sabemos que os judeus desempenharam um papel admirável na Resistência:

foram eles que, antes de os comunistas entrarem em ação, forneceram os principais quadros; deram prova, durante quatro anos, de uma coragem e um espírito de decisão diante dos quais fazemos reverência com prazer. No entanto, alguns hesitaram muito, antes de "resistir"; a Resistência parecia-lhes tão conforme aos interesses judeus que de início lhes repugnava empenhar-se nela; quereriam estar seguros de que não resistiam *como judeus*, mas *como franceses*. Tal escrúpulo mostra bem a qualidade particular de suas deliberações: imediatamente intervém o fator judeu e torna-se-lhes impossível decidir calmamente, após puro e simples exame dos fatos. Numa palavra, situaram-se naturalmente no terreno da reflexividade. O judeu, como o tímido, como o escrupuloso, não se contenta em agir ou em pensar: ele se *vê* agindo, ele se *vê* pensando. Cabe, entretanto, observar que a reflexividade judaica, não tendo como origem a curiosidade desinteressada ou o desejo de uma conversão moral, é em si mesmo *prática*. Não é o homem, porém o *judeu* que os judeus procuram conhecer em si próprios por meio da introspecção; e querem conhecê-lo *para negá-lo*. Não se trata, para eles, de reconhecer certos defeitos e combatê-los, mas de sublinhar, por suas condutas, que não possuem tais defeitos. Assim se explica a qualidade peculiar da ironia judaica, que se exerce no mais das vezes às custas do próprio judeu e que é uma eterna tentativa de se ver a partir do exterior. O judeu, por saber que é observado, toma a dianteira e tenta observar-se com os olhos dos outros. Essa objetividade a seu próprio respeito é também uma artimanha da inautenticidade: enquanto ele se contempla com o "desprendimento" de outrem, sente-se de fato *desprendido* de si mesmo; é outro, uma simples testemunha.

Contudo, e ele bem o sabe, tal desprendimento só será efetivo se ratificado pelos demais. Por isso, encontramos frequentemente no judeu a faculdade de assimilar. Absorve todos os conhecimentos com uma avidez que não se deve confundir com a curiosidade desinteressada. É porque pensa tornar-se um "homem", nada mais do que um homem, um homem como os outros, ingerindo todos os pensamentos do homem e adquirindo um ponto de vista humano sobre o universo. Ele se cultiva a fim de destruir em si o judeu, desejaria que lhe aplicassem, modificando-a um pouco, a frase de Terêncio: *Nil humani mihi alienam – puto ergo homo sum* (Nada do que é humano me é estranho – logo, sou humano). E, ao mesmo tempo, tenta perder-se na multidão dos cristãos: como verificamos, os cristãos tiveram a arte e a audácia de pretender, diante do judeu, que eles não eram *outra raça*, mas pura e simplesmente *o homem*; se o judeu sente-se fascinado pelos cristãos, não é devido às virtudes destes, que pouco aprecia, mas porque representam o anonimato, a humanidade sem raça. Se procura infiltrar-se nos círculos mais herméticos, não é por causa de uma desenfreada ambição que tão amiúde lhe reprovam. Ou melhor, tal ambição tem apenas um significado; o judeu procura *reconhecer-se* como homem por meio dos outros homens. Se deseja insinuar-se em toda parte, é porque não ficará tranquilo enquanto restar um meio que lhe resista e que, resistindo-lhe, o constitua como judeu a seus próprios olhos. O princípio dessa corrida para a assimilação é excelente: o judeu reivindica seus direitos de francês. Infelizmente, a realização da empreitada peca pela base; quereria que o acolhessem como "um homem", e mesmo nos círculos onde conseguiu penetrar, é como judeu que o recebem: é o judeu rico ou poderoso que "é necessário" frequentar ou o "bom" judeu, o judeu de exceção que se frequenta por amizade, *a despeito* de sua raça. Não o ignora, mas, se confessar a si mesmo que o acolhem como judeu, sua empreitada perderia qualquer nexo e ele se desencorajaria. Age, pois, de má-fé: mascara a si próprio a verdade que, no entanto, traz no fundo de si mesmo; conquista uma posição *como* judeu; conserva-a com os meios de que dispõe, isto é, com seus meios de *judeu*, porém considera cada nova conquista o símbolo de um grau mais elevado de assimilação. É evidente por si que o antissemitismo, que é a reação quase imediata dos meios impregnados, não lhe permite ignorar por muito tempo o que gostaria tanto de desconhecer. Mas as violências do antissemita têm como resultado paradoxal impelir o israelita à conquista de outros meios e outros grupos. É que, de fato, sua ambição é fundamentalmente busca de segurança, assim como seu esnobismo – quando é esnobe – constitui um esforço para assimilar os valores nacionais (quadros, livros etc.). Assim atravessa rápida e brilhantemente todas as camadas sociais, mas permanece como um núcleo duro nos meios que o acolhem. Sua assimilação é tão fulgurante quanto efêmera. Muitas vezes censuram-no por isso: é assim que, segundo a observação de Siegfried, os americanos creem que seu antissemitismo nasce do fato de que os imigrantes judeus, aparentemente os primeiros a assimilarem-se, continuam judeus na segunda ou terceira geração. Sem dúvida, interpreta-se o fato como se o judeu não desejasse sinceramente assimilar-se e como se, por trás de uma flexibilidade de encomenda, se dissimulasse um apego deliberado e consciente às tradições da raça. Mas sucede exatamente o oposto: porque não o acolheram como *um* homem, mas sempre e em toda parte como *o* judeu, é que o judeu é inassimilável.

Dessa situação decorre um novo paradoxo: o judeu inautêntico almeja ao mesmo tempo perder-se no mundo cristão e continuar fixado nos meios judeus.

Onde quer que o judeu se introduza para escapar à realidade judaica, sente que o recebem como judeu e que a cada instante se pensa nele como tal. Sua vida entre os cristãos não é repouso, não lhe proporciona o anonimato que procura; é, ao contrário, tensão perpétua; nessa fuga para o homem, arrasta por toda parte a imagem que o persegue. Isso estabelece entre todos os judeus uma solidariedade que não é de ação, nem de interesse, mas de situação. Ainda mais do que um sofrimento de dois mil anos, o que os une é a hostilidade atual dos cristãos. Debalde sustentarão que só o acaso os agrupou nos mesmos bairros, nos mesmos prédios, nas mesmas empresas; existe entre eles um laço complexo e forte, que vale a pena descrever. Na verdade, o judeu é para o judeu o único homem com o qual pode dizer *nós*. E o que eles têm todos em comum (ao menos todos os judeus inautênticos) é essa tentação de considerar que "não são homens como os outros", a vertigem diante da opinião de outrem e a cega e desesperada decisão de evadir-se a essa tentação. Ora, quando se encontram entre si na intimidade de seus apartamentos, ao eliminar a testemunha não judaica, eliminam ao mesmo tempo a realidade judaica. Sem dúvida, para os raros cristãos que penetraram nesses lares, os judeus apresentam um ar mais judeu do que nunca, mas é porque se abandonam; e tal abandono não significa que se entregam alegremente, como são acusados, à sua "natureza" judaica, mas ao contrário que a esquecem. Em verdade, quando os judeus estão a sós, cada qual não é, para os outros e, por conseguinte para si próprio, nada mais do que um homem. Pode prová-lo, se necessário, o fato de que os membros de uma mesma família, com muita frequência, não percebem os caracteres étnicos de seus parentes (por caracteres étnicos entendemos aqui os dados biológicos hereditários que aceitamos como incontestáveis). Conheci uma senhora judia, cujo filho, por volta de 1934, era obrigado, por sua ocupação, a efetuar viagens de negócios à Alemanha nazista. Seu filho estampava os caracteres típicos do israelita francês: nariz adunco, orelhas de abano etc., mas quando alguém se preocupou com sua sorte, durante uma dessas ausências, respondeu sua mãe: "Oh! Estou muito tranquila, ele não tem de jeito nenhum aspecto judeu."

Entretanto, por uma dialética própria à inautenticidade judaica, tal recurso à interioridade, esse esforço para constituir uma imanência judaica na qual em vez de ser a testemunha dos outros, cada judeu se fundiria numa subjetividade coletiva, e para eliminar o cristão como olhar, todos esses ardis de *fuga* reduzem-se a nada pela presença universal e constante do não judeu. Até em suas reuniões mais íntimas, os judeus poderiam dizer a seu respeito aquilo que Saint-John Perse diz do sol: "Não é nomeado, mas sua presença está entre nós." Os judeus não ignoram que a própria propensão de se frequentarem os define como judeus aos olhos do cristão. E quando reaparecem à luz do público, sua solidariedade com os correligionários os marca a ferro candente. O judeu que encontra outro judeu no salão de um cristão é um pouco como um francês que encontrasse um compatriota no estrangeiro. Contudo, o francês sente prazer em afirmar-se como francês aos olhos do mundo. O judeu, ao invés, se for o único israelita nessa sociedade não judaica, esforçar-se-á para não *se sentir* judeu. Mas, posto que há outro judeu em sua companhia, sente-se em perigo, *diante do outro*. E ele que, há pouco, não percebia sequer os caracteres étnicos de seu filho ou de seu sobrinho, eis que espia seu correligionário com os olhos de um antissemita, eis que espreita nele com uma mistura de temor e fatalismo os sinais objetivos de sua origem comum; tal é o seu receio das descobertas a serem feitas pelos cristãos que se apressa a antecipá-las: antissemita por impaciência e por conta alheia. E cada traço judeu que julga discernir é para ele próprio qual uma punhalada, pois parece-lhe surpreendê-lo em si mesmo, porém fora de alcance, objetivo, incurável e dado. Na verdade, pouco importa que *manifeste* a raça judaica: uma vez que é manifesta, tornam-se vãos todos os esforços do judeu para negá-la. Sabemos que os inimigos de Israel, em apoio a suas opiniões, adiantam de bom grado que "não há maior antissemita do que o judeu". Na verdade, o antissemitismo do judeu é tomado de empréstimo. É antes de tudo a dolorosa obsessão de encontrar em seus pais, em seus parentes, os defeitos que ele quer repelir com todas as forças. Stekel, na análise que mencionamos, relata os seguintes fatos:

> Do ponto de vista da educação e da casa, tudo deve funcionar segundo a diretiva (do marido judeu). É pior ainda em sociedade: persegue (a mulher que se submete à psicanálise) com seus olhares e a critica, de modo que ela fica confusa. Quando moça, era altiva e todo mundo elogiava suas maneiras distintas e seguras. Agora, treme sempre ante a possibilidade de ter agido mal; teme a crítica do marido, lendo-a em seus olhos... *Ao menor equívoco, este lhe censura que seu procedimento é judeu.*

A gente até parece assistir a esse drama com duas personagens: o marido, crítico, quase pedante, sempre no plano da reflexividade e censurando a mulher por ser judia, porque ele próprio morre de medo de parecê-lo; a mulher esmagada por seu olhar impiedoso e hostil, e sentindo-se enviscada, a despeito de si, na "judiaria", pressentindo, sem compreender, que cada um de seus gestos, cada uma de suas frases destoa um pouco e revela a todos os olhos a sua origem. Para ambos, é um inferno. Mas cumpre encarar, além do mais, no antissemitismo do judeu, um esforço no sentido de se dessolidarizar dos defeitos que se atribuem à sua "raça", convertendo-se em sua testemunha objetiva e em seu juiz.

Do mesmo modo, acontece a muitos julgarem-se a si próprios com severidade lúcida e implacável porque tal severidade opera um desdobramento e, ao sentirem-se *juízes*, escapam à condição de culpados. De qualquer maneira, a presença manifesta, no outro, dessa "realidade judaica" que ele repele em si mesmo, contribui para criar, no judeu inautêntico, um sentimento místico e pré-lógico de sua ligação com os demais judeus. Tal sentimento constitui, em suma, o reconhecimento de uma *participação*; os judeus "participam" uns dos outros; a vida de cada qual é obsedada pela vida dos outros; e essa comunhão mística torna-se mais forte à medida que o judeu inautêntico procura negar-se como judeu. Prová-lo-ei com um só exemplo: sabemos que no estrangeiro as prostitutas são frequentemente francesas. O encontro com uma francesa numa casa de tolerância na Alemanha ou na Argentina nunca foi agradável a um francês. Todavia, o senso de participação na realidade nacional é, no francês, de um tipo inteiramente diverso: como a França é uma *nação*, o patriota pode considerar-se como pertencente a uma realidade coletiva cuja forma se expressa na sua atividade econômica, cultural, militar e se, além do mais, alguns aspectos secundários são desagradáveis, lhe é dado negligenciá-los. Não é essa a reação do judeu que se depara com uma judia em semelhantes condições: a despeito de si mesmo, vê a situação humilhada da prostituta como um símbolo da humilhada situação de Israel. Contaram-me a respeito várias anedotas. Citarei apenas uma, porque a ouvi diretamente da pessoa à qual o caso aconteceu: um judeu, entrando num prostíbulo, escolhe uma prostituta e deita-se com ela. A mulher lhe revela que é judia, o que lhe provoca imediata impotência, logo seguida de uma intolerável humilhação que se traduz por violentos *vômitos*. Não é o comércio sexual com uma judia que o repugna, visto que, ao contrário, os judeus se casam entre si: é antes o fato de contribuir pessoalmente à humilhação da raça judaica na pessoa da prostituta e, em consequência, na sua própria pessoa. É *ele*, enfim que está prostituído, humilhado, ele e todo o povo judeu.

Assim, faça o que fizer, o judeu inautêntico é habitado pela consciência de ser judeu. No momento mesmo em que se esforça por toda a sua conduta para desmentir os traços que lhe consignam, crê reencontrá-los nos outros e, por aí, encontra-os indiretamente em si mesmo. Busca seus correligionários e foge deles; afirma que não é mais do que um homem entre outros, como os outros, e, no entanto, sente-se comprometido pela atitude do primeiro passante, se for um judeu. É antissemita para romper todos os vínculos com a comunidade judaica e, apesar disso, torna a encontrá-la no âmago de seu coração, pois experimenta na própria carne as humilhações que os antissemitas infligem aos demais judeus. E constitui precisamente uma característica dos judeus inautênticos essa perpétua oscilação do orgulho ao sentimento de inferioridade, da negação voluntária e apaixonada dos traços de sua raça à participação mística e carnal com a realidade judaica. Essa situação dolorosa e inextricável pode conduzir um pequeno número desses ao masoquismo. Isso porque o masoquismo se apresenta como uma solução efêmera, como uma espécie de intervalo, de repouso. Obseda o judeu ser responsável por si, como todo homem, praticar livremente os atos que houve por bem praticar e que, entretanto, uma coletividade hostil julga sempre tais atos contaminados pelo caráter judeu. Assim, lhe parece que ele mesmo se inventa como judeu no momento em que se esforça por fugir à realidade judaica. Afigura-se-lhe que está empenhado numa luta onde é sempre vencido e na qual torna-se seu próprio inimigo; na medida em que tem consciência de ser responsável por si mesmo, parece-lhe que lhe incumbe também a esmagadora responsabilidade de fazer-se judeu perante os outros judeus e perante os cristãos. Por ele, a despeito dele mesmo, a realidade judaica existe no mundo. Ora, o masoquismo é o desejo de ser tratado como objeto. Humilhado, desprezado ou simplesmente negligenciado, o masoquista sente o prazer de ver-se deslocado, manejado, utilizado como uma coisa. Tenta realizar-se como coisa inanimada e, ao mesmo tempo, abdica de suas responsabilidades. Alguns deles, cansados de lutar contra esse impalpável ser judeu, sempre renegado, jugulado e sempre renascente, sentem-se atraídos pela abdicação completa. E, realmente, reivindicar-se como judeu é mostrar-se autêntico, mas eles não percebem que a autenticidade se manifesta na revolta: aspiram apenas a que os olhares, as violências, o desdém de outrem os constituam como judeus, à maneira como uma pedra é uma pedra, emprestando-lhes qualidades e um destino; assim ficarão desobrigados por um instante dessa liberdade enfeitiçada que é a deles, que não lhes permite escapar à condição de judeu e parece existir tão somente para torná-los responsáveis por algo que rejeitam com todas as forças. Por certo, cabe observar que esse masoquismo também possui outras causas. Numa admirável e cruel passagem da *Antígona*, escreve Sófocles: "Tens demasiado orgulho para alguém que se encontra na desgraça." Poder-se-ia dizer que um dos traços essenciais do judeu é que, ao contrário de Antígona, a familiaridade secular com o infortúnio o faz modesto na catástrofe. Não se deve de modo algum concluir daí, como acontece muitas vezes, que o judeu é arrogante no triunfo e humilde no malogro. O caso é diferente: o judeu assimilou esse curioso conselho que a sabedoria grega dava à filha de Édipo; compreendeu que a modéstia, o silêncio, a paciência convinham à desgraça porque esta já é pecado aos olhos dos homens. E tal sabedoria pode certamente converter-se em masoquismo, em prazer de sofrer. Mas o principal continua sendo a tentação de renunciar a si mesmo e ser, por fim, marcado para sempre por uma natureza e um destino judaicos que o dispensem de toda a responsabilidade e de toda a luta. Assim o antissemitismo do judeu inautêntico e seu masoquismo representam de alguma maneira os dois extremos dessa tentativa: na primeira atitude, chega até a renegar a raça para ser apenas, a título estritamente individual, um homem sem tara no meio de outros homens; na segunda, renega a liberdade de homem para escapar ao pecado de ser judeu e tentar atingir o repouso e a passividade da coisa.

Mas o antissemita dá uma nova pincelada no retrato: o judeu, nos diz ele, é um intelectual abstrato, um puro raciocinador. E bem vemos que os termos abstrato, racionalista e intelectual assumem, em sua boca, um sentido pejorativo. Não poderia ser de outra forma, dado que o antissemita se define pela posse concreta e irracional dos bens da nação. Mas se nos lembrarmos de que o racionalismo foi um dos principais instrumentos da libertação dos homens, recusar-nos-emos a considerá-lo como um puro jogo de abstrações e insistiremos, ao contrário, na sua potência criadora. Foi nele que dois séculos – e não dos menores – puseram toda a sua presença; dele nasceram as ciências e suas aplicações práticas; foi um ideal e uma paixão, tentou reconciliar os homens, revelando-lhes verdades universais a cujo respeito todos podiam estar de acordo e, no seu otimismo ingênuo e simpático, confundiu deliberadamente o mal com o erro. Não se compreenderá nada do racionalismo judaico, caso se pretenda vê-lo como não sei que gosto abstrato pela disputa, em vez de tomá-lo pelo que é: um jovem e vivaz amor aos homens.

No entanto, é ao mesmo tempo um caminho de fuga – direi mesmo, a estrada real da fuga. Até agora, na verdade, vimos os israelitas que se esforçavam por negar por meio de suas pessoas e em sua carne a sua situação de judeu. Há outros que escolhem uma concepção do mundo em que a própria ideia de raça não encontra lugar; evidentemente, trata-se sempre de mascarar perante si mesmo a *situação de judeu*; mas, se chegassem a persuadir-se e a persuadir os outros de que a ideia de judeu é contraditória, se conseguissem constituir de tal modo sua visão do mundo que se tornassem cegos à realidade judaica, como o daltônico é cego ao vermelho ou ao verde, não poderiam eles declarar de boa-fé "são homens entre os homens"? O racionalismo dos judeus é uma paixão: a paixão do universal. E se escolheram esta de preferência a outra, é para combater as concepções particularistas que os transformam em seres à parte. A razão é a coisa mais partilhada do mundo, é de todos e não é de ninguém; em todos é a mesma. Se a razão existe, não há de modo algum uma verdade francesa e uma verdade alemã: não há uma verdade negra ou judaica. Não há senão uma verdade e é o melhor quem a descobre. Em face das leis universais e eternas, o próprio homem é universal. Já não há judeus ou poloneses, há homens que vivem na Polônia e outros designados como "de religião judaica" em seus papéis da família; entre eles um acordo é sempre possível, desde que verse sobre o universal. Lembremo-nos do retrato do filósofo que Platão pinta no *Fédon*: como o despertar para a razão constitui, no filósofo, a morte para o corpo, para as particularidades do caráter; como o filósofo desencarnado, puro amante da verdade abstrata e universal, perde todos os seus traços singulares, tornando-se olhar universal. É exatamente essa desencarnação que buscam certos israelitas. Raciocinar é o melhor meio de não se sentir mais judeu, pois o raciocínio é válido para todos e pode ser refeito por todos: não há uma *maneira judaica* de fazer matemática; assim o judeu matemático se desencarna e torna-se o homem universal quando raciocina. E o antissemita que acompanha seu raciocínio converte-se, apesar de suas resistências, em seu irmão. Por isso o racionalismo, ao qual o judeu adere tão apaixonadamente, é antes de tudo um exercício de ascese e purificação, uma evasão no universal; e à medida que o jovem judeu toma gosto pelos argumentos brilhantes e abstratos, é como o recém-nascido que toca no próprio corpo para conhecê-lo: experimenta e inspeciona sua inebriante condição de homem universal; realiza no plano superior esse acordo e essa assimilação que lhe recusam no plano social. A escolha do racionalismo constitui, para ele, a escolha de um destino do homem e de uma natureza humana. Por isso, é ao mesmo tempo falso e verdadeiro que o judeu seja "mais inteligente do que o cristão". Cabe antes dizer que alimenta o gosto da inteligência pura, que gosta de exercê-la a propósito de tudo e de nada; que faz dela um uso ao qual não se opõem esses inúmeros tabus que o cristão encontra em si mesmo como resíduos, nem certo tipo de sensibilidade particularista que o não judeu cultiva de bom grado. Seria necessário acrescentar que há no judeu uma espécie de imperialismo apaixonado da razão: pois não deseja apenas convencer seus interlocutores de que está com a verdade, mas seu objetivo é persuadi-los de que existe um valor absoluto e incondicional no racionalismo. Considera-se um missionário do universal; em face da universalidade da religião católica, da qual está excluído, quer estabelecer a "catolicidade" do racional, enquanto meio para atingir a verdade e elo espiritual entre os homens. Não por acaso Léon Brunschvicg, filósofo israelita, assimila os progressos da razão e os da *unificação* (unificação das ideias, unificação dos homens).

O antissemita censura ao judeu "não ser de modo algum criador", ter "o espírito dissolvente". Essa absurda acusação (Spinoza, Proust, Kafka, Darius Milhaud, Chagall, Einstein, Bergson não são judeus?) pôde parecer especiosa porque a inteligência judaica assume muitas vezes um giro crítico. Mas ainda aqui não se trata de uma disposição das células cerebrais, porém da escolha de uma arma. Com efeito, contra o judeu foram levantadas as potências irracionais da tradição, da raça, do destino nacional, do instinto. Pretendeu-se que tais potências edificaram monumentos, uma cultura, uma história, valores práticos que conservam em si muito da irracionalidade de suas causas e que são acessíveis apenas à intuição. A defesa do israelita consiste em negar a intuição ao mesmo tempo que o irracional; consiste em provocar o desvanecimento de poderes obscuros, tais como a magia e a desrazão, tudo o que não é explicável a partir de princípios universais, tudo o que deixa entrever tendências para a singularidade, para a exceção. Desconfia por princípio desses blocos totalitários que de tempos em tempos o espírito cristão traz à tona: o israelita *contesta*. E sem dúvida pode-se falar a esse respeito de destruição: mas o que o judeu deseja destruir está estritamente localizado, é o conjunto dos valores irracionais que se entregam a um conhecimento imediato e sem garantia. O judeu exige uma caução, uma garantia para tudo quanto seu adversário afirma, porque assim ele próprio se garante. Desconfia da intuição porque ela *não é discutível* e, portanto, acaba separando os homens. Se o judeu raciocina e disputa com o adversário, é para realizar desde o início a unidade dos espíritos: antes de qualquer debate, deseja que as partes se ponham de acordo sobre os princípios de que se parte. Mediante tal acordo prévio, propõe-se construir uma ordem humana baseada na universalidade da natureza humana. Essa crítica perpétua que lhe censuram dissimula o amor ingênuo à comunhão na razão com seus adversários e a crença mais ingênua ainda de que a violência não é necessária nas relações entre os homens. Enquanto o antissemita, o fascista etc., partindo de intuições incomunicáveis, e que eles desejam assim, devem recorrer necessariamente à força a fim de impor iluminações impartilháveis, o judeu inautêntico apressa-se a dissolver pela análise crítica tudo o que pode separar os homens e conduzi-los à violência; pois seria a primeira vítima de tal violência. Sei muito bem que Spinoza, Husserl e Bergson concederam lugar à intuição em suas doutrinas, mas a dos dois primeiros é *racional*, isso significa que é fundada na razão, afiançada pela crítica e que tem por objeto verdades universais. Não se assemelha em nada ao espírito de sutileza pascaliana: e é esse espírito de sutileza, incontestável e movente, alicerçado em milhares de percepções imperceptíveis, que parece ao judeu o seu pior inimigo. Quanto a Bergson, sua filosofia oferece o curioso aspecto de uma doutrina anti-intelectualista inteiramente erigida pela inteligência mais raciocinadora e crítica. É argumentando que estabelece a existência de uma duração pura, de uma intuição filosófica; e essa mesma intuição que descobre a duração ou a vida é universal, porque cada qual pode praticá-la e visa o universal visto que seus objetos podem ser nomeados e concedidos. Sei que Bergson faz mil cerimônias antes de servir-se da linguagem. Mas, por fim, aceita que as palavras desempenham o papel de guias, indicadores, mensageiros semifiéis. Quem, no entanto, pede mais? E vejam como está à vontade na contestação: releiam o capítulo primeiro do *Ensaio Sobre os Dados Imediatos*, a crítica clássica ao paralelismo psicofisiológico, a da teoria de [Paul] Broca sobre a afasia. Na realidade, assim como foi possível dizer, com Poincaré, que a geometria não euclidiana era questão de definição e que ela nascia a partir do momento em que eu decidia chamar retas certo tipo de curvas como, por exemplo, as circunferências que se podem traçar à superfície de uma esfera, do mesmo modo a filosofia de Bergson é um racionalismo que escolheu uma linguagem particular. De fato, escolheu denominar vida, duração pura etc. aquilo que a filosofia anterior designava por "contínuo" e batizou de "intuição" a compreensão desse contínuo. Como essa compreensão deve ser preparada por pesquisa e críticas, como apreende um universal e não particularidades incomunicáveis, dá no mesmo denominá-la intuição irracional ou função sintética da razão. Se intitularmos – com justiça – irracionalismo o pensamento de Kierkegaard ou de Novalis, diremos que o sistema de Bergson é um racionalismo desbatizado. E, de minha parte, vejo-o como a defesa suprema de um perseguido: atacar para defender-se, conquistar o irracionalismo do adversário como tal, isto é, torná-lo inofensivo e assimilá-lo a uma razão construtora. E, de fato, o irracional de [Georges] Sorel conduz diretamente à violência e, por conseguinte, ao antissemitismo; em vez disso, o de Bergson é perfeitamente inofensivo e só pode servir à reconciliação universal.

Esse universalismo, esse racionalismo crítico aparece comumente no democrata. Seu liberalismo abstrato afirma que judeus, chineses, negros devem gozar dos mesmos direitos que os demais membros da coletividade, mas reivindica esses direitos para eles enquanto homens e não enquanto produtos concretos e singulares da história. Por isso, alguns judeus atraíram para as suas pessoas o olhar do democrata. Obcecados pelo espectro da violência, resíduos inassimilados das sociedades particularistas e guerreiras, sonham com uma comunidade contratual em que o próprio pensamento se estabeleceria na forma de contrato – posto que seria diálogo, posto que os disputantes firmariam acordo, no início, sobre os princípios – e em que o "contrato social" seria o único vínculo coletivo. Os judeus são os mais brandos dos homens. São apaixonadamente inimigos da violência. Tal brandura obstinada que conservam em meio às perseguições mais atrozes, esse senso de justiça e de razão que eles opõem como única defesa a uma sociedade hostil, brutal e injusta, é talvez o melhor da mensagem que nos comunicam e o verdadeiro signo de sua grandeza.

Mas o antissemita apodera-se imediatamente desse livre esforço do judeu para viver e dominar sua situação; converte-o num traço estereotipado que manifesta a incapacidade do judeu em assimilar-se. O judeu não é mais um racionalista, mas um arrazoador, sua busca não é a pesquisa positiva do universal, porém patenteia sua incapacidade de apreender os valores vitais, raciais e nacionais; o espírito de livre crítica, ao qual recorre na esperança de defender-se contra as superstições e os mitos, transmuta-se em espírito satânico de negação, vírus dissolvente; no lugar de apreciá-lo como um instrumento de autocrítica, nascido espontaneamente no interior de sociedades modernas, encaram-no como um perigo permanente aos laços nacionais e aos valores franceses. Mais do que negar o amor de certos judeus ao exercício da razão, pareceu-nos mais útil e verdadeiro tentar uma explicação de seu racionalismo.

É igualmente como uma tentativa de escape que cumpre interpretar a atitude de alguns judeus em relação a seu próprio corpo. Sabemos, com efeito, que as únicas características étnicas do judeu são físicas. O antissemita apossou-se desse fato e o transformou em mito: pretende discernir seu inimigo com um simples golpe de vista.

A reação de certos israelitas consiste, pois, em negar esse corpo que os trai. Naturalmente, tal negação variará de intensidade conforme o aspecto físico seja mais ou menos revelador; em todo caso, não aderem ao próprio corpo com complacência, esse sentimento tranquilo da propriedade que caracteriza a maioria dos "arianos". Para estes, o corpo é um fruto da terra francesa; possuem-no por meio dessa participação mágica e profunda que já lhes assegura o desfrute de seu solo e de sua cultura. Por se orgulharem dele, atribuíram-lhe certo número de valores estritamente irracionais que se destinam a expressar os ideais da *vida* como tal. [Max] Scheler os cognominou justamente de valores vitais; de fato, não dizem respeito, nem às necessidades elementares do corpo, nem aos requisitos do espírito, mas a certo tipo de florescimento, certo estilo biológico que parece manifestar o funcionamento íntimo do organismo, a harmonia e a independência dos órgãos, o metabolismo celular e sobretudo o "projeto de viver", projeto cego e matreiro que constitui o próprio sentido da finalidade vivente. A graça, a nobreza e a vivacidade figuram entre esses valores. Na verdade, pode-se constatar que nós os percebemos nos próprios animais; falar-se-á da graça do gato, da nobreza da águia. É evidente que no conceito de *raça* as pessoas incluem grande número de tais valores biológicos. A raça mesma não é por acaso um puro valor vital? Não engloba ela, em sua estrutura íntima, um juízo de valor, dado que a própria ideia de raça implica a de desigualdade? Nessas circunstâncias, o cristão, o ariano, sente seu corpo de um modo particular: não dispõe de uma pura e simples consciência das modificações maciças de seus órgãos; as informações que seu corpo lhe remete, seus apelos e mensagens chegam-lhe com certos coeficientes de idealidade, são sempre mais ou menos símbolos de valores vitais. Consagra mesmo parte de uma atividade à tarefa de obter percepções de si próprio que correspondam a seu ideal vital. A *nonchalance* de nossos elegantes, a vivacidade e o "desembaraço" que caracterizam o ar em moda durante certas épocas, o andar sanhudo do italiano fascista, a graça das mulheres, todos esses comportamentos biológicos visam exprimir a aristocracia do corpo. A tais valores ligam-se naturalmente antivalores, tais como o descrédito jogado sobre as *baixas funções* do corpo, bem como condutas e sentimentos sociais: o pudor, por exemplo. Esse, na realidade, não consiste apenas na vergonha de mostrar a própria nudez, mas também certo modo de considerar o corpo como precioso, é uma recusa de encará-lo como um simples instrumento, é uma maneira de ocultá-lo no santuário das vestes como um objeto de culto. O judeu inautêntico é despojado pelos cristãos de seus valores vitais. Se o seu corpo se lhe faz presente, o conceito de raça aparece imediatamente para envenenar as suas sensações mais íntimas. Os valores de nobreza e graça foram açambarcados pelos arianos que lhos recusam. Se o judeu aceitasse tais valores, seria forçado talvez a reconsiderar a noção de superioridade étnica com todas as consequências que isso implica. Em nome da ideia de *homem universal*, recusa-se a prestar ouvidos a essas mensagens tão particulares que lhe envia o seu organismo; em nome da *racionalidade*, repele os valores irracionais e só aceita os valores espirituais; estando, para ele, a universalidade no ápice da escala dos valores, concebe uma espécie de *corpo universal e racionalizado*. Não alimenta por seu corpo o desprezo dos ascetas, não o considera um "trapo" ou uma "besta", mas não o encara tampouco sob os aspectos de um objeto de culto: na medida em que *não o esquece*, trata-o como um instrumento, preocupando-se unicamente em adaptá-lo com precisão a seus fins. E, assim como se recusa a considerar os valores irracionais da vida, do mesmo modo não concorda em estabelecer uma hierarquia entre as funções naturais. Tal recusa serve para dois fins: de um lado, acarreta a negação da especificidade étnica de Israel; e, de outro, é uma arma imperialista e ofensiva que visa persuadir os cristãos de que seus corpos não passam de utensílios. A "falta de pudor" que o antissemita não cessa de censurar a certos judeus não tem outra origem. É antes de tudo uma afetação de tratar o corpo racionalmente. Se o corpo é uma mecânica, por que lançar o interdito sobre a necessidade de excreção? Por que exercer sobre o corpo uma eterna vigilância? Cumpre cuidá-lo, limpá-lo, mantê-lo, sem alegria, sem amor e sem pudor, como uma máquina. Mas, além disso, devemos discernir, no fundo desse impudor, ao menos em alguns casos, certo desespero: de que serve velar a nudez de um corpo que o olhar dos arianos despiu de uma vez por todas? Ser judeu aos olhos dos arianos não será pior do que estar nu? E esse racionalismo, evidentemente, não é apanágio dos israelitas: encontraríamos numerosos cristãos – os médicos, por exemplo – que adotaram, a respeito de seu próprio corpo ou de seus filhos, esse ponto de vista racional, mas trata-se então de uma conquista, de uma libertação que coexiste, no mais das vezes, com muitas sobrevivências pré-lógicas. O judeu, ao contrário, não se exercitou de modo algum em criticar os valores vitais: fez-se de tal forma que não teria sentido para ele. Caberia acrescentar, além disso, contra o antissemita, que esse mal-estar corporal pode produzir resultados rigorosamente opostos e conduzir a uma vergonha do corpo e a um pudor extremo. Citaram-me o caso de muitos israelitas cujo pudor prevalece sobre o dos cristãos e cuja preocupação constante é a de velar o corpo, de outros que cuidam de espiritualizá-lo, isto é – já que lhe são negados os valores vitais – de vesti-lo com significações espirituais. Para um cristão, o semblante e os gestos de certos judeus tornam-se às vezes incômodos à força de significar. Expressam demasiado e por demasiado tempo a inteligência, a bondade, a resignação, a dor.

Costuma-se mofar dos gestos rápidos e, se posso dizê-lo, volúveis que o judeu faz com as mãos enquanto fala. Essa vivacidade mímica é, aliás, menos difundida do que se pretende. Mas o que importa é, sobretudo, distingui-la de certas mímicas que se lhe aproximam na aparência: as do marselhês, por exemplo. Entre os marselheses, a mímica, arrebatada, rápida, inesgotável, vai unida a um fogo interior, um nervosismo constante, um desejo de expressar com todo o corpo aquilo que ele vê ou sente. No judeu, há antes de tudo o desejo de ser totalmente significativo, de sentir o organismo como um sinal a serviço da ideia, de transcender esse corpo que lhe pesa, para os objetos ou as verdades que se desvelam à sua razão. Acrescentemos que a descrição, em assuntos tão delicados, deve cercar-se de muita precaução: o que acabamos de dizer não convém a todos os judeus inautênticos e, sobretudo, oferece uma importância variável na atitude geral do judeu, conforme sua educação, sua origem e, sobretudo, o conjunto de seu comportamento.

Parece-me que seria possível explicar do mesmo modo a famosa "falta de tato" israelita. Nessa acusação há, evidentemente, uma parcela considerável de malevolência. Não obstante, o que se chama tato depende do "espírito de fineza" e o judeu desconfia do espírito de fineza. Agir com tato é apreciar num golpe de vista a situação, abarcá-la sinteticamente, senti-la ainda mais do que analisá-la, mas é, ao mesmo tempo, dirigir a conduta, referindo-se a uma multidão de princípios indistintos, alguns dos quais dizem respeito aos valores vitais e outros exprimem tradições de polidez e de cerimônias inteiramente irracionais. Assim o ato efetuado "com tato" implica que seu autor adote certa concepção do mundo tradicional, sintética e ritual; não é possível *dar sua razão*; implica também um senso particular dos conjuntos psicológicos; não é de modo algum *crítico*; acrescentemos, enfim, que adquire todo o seu sentido apenas numa comunidade estritamente definida que possui seus ideais, costumes e hábitos. O judeu possui tanto tato natural como qualquer pessoa, se com isso designamos a compreensão original do outro; porém não *procura* tê-lo.

Se aceitasse basear suas condutas no tato, teria de reconhecer que a razão não é um guia suficiente nas relações humanas e que a tradição, as potências obscuras da intuição podem ser-lhe superiores quando se trata de adaptar-se aos homens ou de manejá-los; deveria admitir uma casuística, uma moral dos casos particulares, portanto renunciar à ideia de uma natureza humana universal reclamando tratamentos universais; ser-lhe-ia necessário confessar que as situações concretas são incomparáveis entre si, como aliás os homens concretos; teria que cair no particularismo. Mas então firmaria sua própria perda: pois, em nome deste tato, o antissemita o denuncia como um caso particular e o exclui da comunidade nacional. Há, pois, no judeu uma acentuada inclinação para crer que as piores dificuldades resolvem-se por meio da razão; não *vê* o irracional, o mágico, o matiz concreto e particular; não *crê* nas singularidades de sentimentos; por uma reação defensiva bastante compreensível, esse homem que vive da opinião que os outros têm a seu respeito, procura negar os valores de opinião, sente-se tentado a aplicar aos homens os raciocínios que convém às coisas; aproxima-se do racionalismo analítico do engenheiro e do operário: não por ser formado ou atraído pelas coisas, mas por ser repelido pelos homens. E a psicologia analítica por ele construída substitui de bom grado as estruturas sintéticas da consciência pelo jogo dos interesses, pela composição dos apetites e pela soma algébrica das tendências. A arte de dominar, seduzir ou persuadir torna-se um cálculo racional. Todavia, é evidente que a explicação das condutas humanas pelas noções universais corre o perigo de levar à abstração.

E é exatamente esse gosto pela abstração que, na verdade, permite compreender a relação especial do judeu com o dinheiro. O judeu gosta do dinheiro, dizem. No entanto, a consciência coletiva, que o pinta de bom grado como ganancioso, raras vezes o confunde com este outro mito popular que é o avaro e a prodigalidade munificente do judeu é mesmo um tema favorito de imprecações para o antissemita. A bem dizer, se o judeu aprecia o dinheiro, não é por um gosto singular pela moeda de cobre ou de ouro ou pelas notas: amiúde o dinheiro assume para ele a forma abstrata de ações, cheques ou contas bancárias. Apega-se, pois, não à sua figuração sensível, porém à sua forma abstrata. Trata-se, na realidade, de um poder aquisitivo. Todavia, sendo ela universal, prefere essa forma de propriedade a todas as outras. Na verdade, o modo de apropriação por compra não depende da raça do adquirente, não varia absolutamente com sua idiossincrasia; o *preço* do objeto remete a um comprador *qualquer*, definido apenas pelo fato de possuir a soma registrada na etiqueta. E uma vez paga a importância, o comprador torna-se legalmente proprietário do objeto. Assim, a propriedade por aquisição é uma forma abstrata e universal de propriedade, que se opõe à apropriação singular e irracional pela participação. Há aqui um círculo vicioso: quanto mais rico o judeu, mais tenderá o antissemita tradicionalista a insistir em que a verdadeira propriedade não reside na propriedade legal, mas numa adaptação do corpo e do espírito ao objeto possuído: assim, como vimos, o pobre recupera o solo e os bens espirituais franceses. A literatura antissemita é abundante em altivas respostas dirigidas a judeus por virtuosos órfãos ou por velhos nobres arruinados e cujo sentido é, em essência, que a honra, o amor, a virtude, o prazer etc.

"não se compram". Porém, quanto mais o antissemita insistir nesse gênero de apropriação que visa excluir o judeu da comunidade, mais o judeu sentir-se-á tentado a afirmar que o único modo de propriedade é a propriedade legal que se obtém pela compra. Em oposição a essa posse mágica, que lhe recusam e que acaba por subtrair-lhe até os objetos que ele comprou, aferra-se ao dinheiro como o poder legítimo de apropriação do homem universal e anônimo que deseja ser. E se insiste na potência do dinheiro, é para defender seus direitos de consumir numa comunidade que lhos contesta e, ao mesmo tempo, para racionalizar o elo entre o possuidor e o objeto possuído, de modo a introduzir a propriedade no quadro de uma concepção racional do universo. Na verdade, a compra, enquanto ato comercial racional, legitima a propriedade e esta se define simplesmente como direito de uso. Simultaneamente, o *valor* do objeto adquirido, em vez de aparecer como algum *mana* místico que se revelaria apenas aos iniciados, identifica-se com seu preço, o qual é público e imediatamente cognoscível por seja lá quem for. Vemos todos os subentendidos que comporta a afeição do judeu pelo dinheiro: se o dinheiro define o valor, este é universal e racional; não emana, portanto, de obscuras fontes sociais, é acessível a todos; nessas condições, não se poderia excluir o judeu da sociedade; integra-se nela como comprador e consumidor anônimo. O dinheiro é fator de integração. E às belas fórmulas do antissemita "o dinheiro não consegue tudo" ou "há coisas que não se compram", o judeu responde às vezes afirmando a onipotência do dinheiro: "Pode-se comprar todas as consciências; basta pagar-lhes o preço." Não se trata, no caso, de cinismo nem de baixeza: é apenas um contra-ataque. O judeu gostaria de convencer o antissemita de que os valores irracionais são puras aparências e que não existe ninguém que não esteja pronto a monetizá-los. Se o antissemita se deixa comprar, a prova está feita: também ele prefere, no fundo, a apropriação legal por meio da compra à apropriação mística por meio da participação. No mesmo instante, entra no anonimato; já não passa de um homem universal que se define unicamente por seu poder aquisitivo. Assim se explicam ao mesmo tempo "a avidez do ganho" do judeu e sua real generosidade. Seu "amor ao dinheiro" manifesta somente sua deliberada decisão de considerar válidas apenas as relações racionais, universais e abstratas que o homem mantém com as coisas; o judeu é utilitarista porque a opinião lhe nega toda forma de gozo dos objetos que não seja o *uso*. Ao mesmo tempo, quer adquirir pelo dinheiro os direitos sociais que lhe recusam a título individual. Não fica chocado com o fato de ser amado por seu dinheiro: o respeito, a adulação, que a riqueza lhe proporciona dirigem-se ao ser anônimo que possui *tal* poder aquisitivo; ora, é precisamente este anonimato que procura: de forma assaz paradoxal, quer ser rico *a fim de passar despercebido*.

Tais indicações deveriam permitir-nos esboçar os principais traços da sensibilidade judaica. Esta, como é de supor, surge profundamente marcada pela escolha que o judeu faz de si próprio e do sentido de sua situação. Mas não se trata agora de pintar um retrato. Então, ficaremos contentes em evocar a longa paciência do judeu e essa expectativa de perseguição, esse pressentimento da catástrofe que procura mascarar-se durante os anos felizes e que jorra de súbito, desde que o céu se tolda, sob a forma de *aura* profética; assinalaremos a natureza particular de seu humanismo, essa vontade de fraternidade universal que tropeça no mais obstinado dos particularismos e a estranha mistura de amor, desprezo, admiração e desconfiança que o judeu devota a esses homens que não o querem. Não creiam que basta ir ao seu encontro de braços abertos para que ele lhes outorgue sua confiança: aprendeu a discernir o antissemitismo sob as mais tonitruantes manifestações de liberalismo. É tão desconfiado com respeito aos cristãos quanto os operários com respeito aos jovens burgueses que "pendem para o povo". Sua psicologia utilitarista o levou a buscar, atrás dos testemunhos de simpatia que alguns lhe prodigalizam, o jogo dos interesses, o cálculo, a comédia da tolerância. Aliás, raramente se engana. No entanto, procura apaixonadamente esses testemunhos, gosta dessas honras que não lhe inspiram confiança, deseja estar do outro lado da barreira com eles, entre eles; acalenta o sonho impossível de ver-se de súbito curado dessa suspeita do universal por um afeto manifesto, por provas evidentes de boa vontade. Seria necessário descrever esse mundo com dois polos, essa humanidade bipartida e indicar que cada sentimento judeu tem uma qualidade diferente, conforme se volte a um cristão ou a um judeu: o amor de um judeu por uma judia não é da mesma natureza que o seu amor a uma "ariana"; verifica-se um profundo desdobramento da sensibilidade judaica, que se mascara sob o exterior de um humanismo universalista. Caberia notar, enfim, o frescor desarmado e a espontaneidade inculta dos sentimentos judaicos: totalmente ocupado em racionalizar o mundo, o israelita inautêntico pode, sem dúvida, *analisar* seus afetos, mas não pode cultivá-los; pode acontecer que seja Proust, mas não [Maurice] Barrès. Isso porque a cultura do sentimento e do eu supõe um tradicionalismo profundo, um gosto do particular e do irracional, um recurso a métodos empíricos, o gozo tranquilo de privilégios merecidos: tais são os princípios de uma sensibilidade aristocrática. A partir daí, o cristão envidará todos os cuidados para se tratar como uma planta de luxo ou como os barris de bom vinho que se enviam até as índias para, em seguida, trazê-los de volta à França, a fim de que o ar marinho os impregne e dê ao vinho neles contido um sabor incomparável. A cultura do eu é inteiramente mágica e participacionista, mas essa atenção perpetuamente voltada para si acaba colhendo alguns frutos. O judeu que se evade e que concebe os processos psicológicos mais como disposições mecânicas do que como o pleno desenvolvimento de um organismo, assiste sem dúvida ao jogo de suas inclinações pois ele se colocou no plano reflexivo, mas não as trabalha; não está mesmo seguro de que tenha apreendido o verdadeiro sentido delas: a análise reflexiva não constitui o melhor meio de investigação psicológica. Assim o racionalista é incessantemente ultrapassado por uma massa móvel e fresca de paixões e emoções. Junta uma sensibilidade bruta aos refinamentos da cultura intelectual. Há uma sinceridade, uma juventude, um calor nas manifestações de amizade de um judeu como raramente se encontrará no cristão, empedrado nas suas tradições e cerimônias. É o que também incute esse caráter desarmado ao sofrimento judeu, o mais desgarrador dos sofrimentos. Mas não é nosso objetivo insistir no assunto. Basta-nos haver apontado as possíveis consequências da inautenticidade judaica. Para terminar, ficaremos contentes em indicar a largas pinceladas isso que se chama a *inquietação* judaica. Pois os judeus são muitas vezes inquietos. Um israelita nunca está seguro de seu lugar e de suas posses; não poderia mesmo afirmar que se encontrará amanhã no país em que hoje ele mora, já que sua situação, seus poderes e até seu direito de viver podem ser postos em dúvida de um minuto para o outro; além do mais, é, como já vimos, perseguido por essa imagem inatingível e humilhante com que o representam as multidões hostis. Sua história é a de uma perambulação de vinte séculos; a cada instante, deve esperar que seja necessário retomar o cajado. Pouco à vontade até em sua pele, inimigo irreconciliado de seu corpo, perseguindo o sonho impossível de uma assimilação que se lhe subtrai à medida que tenta aproximar-se dela, jamais desfruta da espessa segurança do "ariano", solidamente estabelecido em suas terras e tão certo dos seus títulos de propriedade que chega até a esquecer que é proprietário e a considerar *natural* a relação que o une a seu país. Todavia, não se deve crer que a inquietude judaica seja metafísica. Seria errôneo assimilá-la à angústia que é provocada em nós pela consideração da condição humana. Eu diria de bom grado que a inquietação metafísica é um luxo que o judeu, tal como o operário, não pode permitir-se hoje. É preciso estar seguro de seus direitos e profundamente arraigado no mundo, é preciso não nutrir quaisquer dos temores que assaltam diariamente as classes ou as minorias oprimidas, para tomar a liberdade de interrogar-se sobre o lugar do homem no mundo e sobre seu destino. Numa palavra, a metafísica é o apanágio das classes dirigentes arianas. Que ninguém veja nessas observações uma tentativa de desacreditá-la: ela virá a ser a preocupação essencial do homem quando os homens se libertarem. A inquietação do judeu não é metafísica, mas social. O que constitui o objeto comum de sua preocupação não é ainda o lugar do homem no mundo, porém seu lugar na sociedade: não vê o abandono de cada um em meio de um universo mudo, porque ainda não emerge da sociedade ao mundo. É entre os homens que ele se vê abandonado; o problema racial tapa-lhe o horizonte. Sua inquietude não é das que aspiram a perpetuar-se; não se compraz nela: deseja que o tranquilizem. Fizeram-me notar que não houve na França um judeu surrealista. É que o surrealismo coloca, à sua maneira, o problema do destino humano. Suas empresas de demolição e o imenso barulho que suscitou ao seu redor, foram brincadeiras luxuosas de jovens burgueses inteiramente à vontade num país vencedor e que lhes pertencia. O judeu não cogita demolir, nem considerar a condição humana na sua nudez. É *o homem social* por excelência, porque seu tormento é social. Foi a sociedade, e não o decreto de Deus, que o transformou em judeu, foi ela que engendrou o problema judeu e, sendo obrigado a escolher-se por completo dentro das perspectivas que o problema define, é no e pelo social que escolhe sua própria existência; seu projeto construtivo de integrar-se na comunidade nacional é social, social é o esforço que faz para pensar-se, ou seja, para situar-se entre os outros homens, sociais são suas alegrias e seus pesares; mas por isso mesmo a maldição que pesa sobre ele é social. Se, por conseguinte, reprovam-lhe a inautenticidade metafísica, se lhe observam que sua perpétua inquietação é acompanhada de um positivismo radical, cumpre não esquecer que tais censuras se voltam contra os que as formulam: o judeu é social porque o antissemita assim o fez.

Tal é, portanto, esse homem acossado, condenado a escolher-se à base de falsos problemas e numa falsa situação, privado do sentido metafísico pela hostilidade ameaçadora da sociedade circundante, encurralado num racionalismo de desespero. Sua vida não passa de uma longa fuga diante dos outros e diante de si mesmo. Alienaram-lhe até o seu próprio corpo, bipartiram sua vida afetiva, reduziram-no a perseguir, num mundo que o rejeita, o sonho impossível de uma fraternidade universal. Por culpa de quem? São os nossos olhos que lhe devolvem a imagem inaceitável que ele quer dissimular a si próprio. São nossas palavras e nossos gestos – *todas* as nossas palavras e *todos* os nossos gestos, nosso antissemitismo, mas também nosso liberalismo condescendente – que o envenenaram até a medula; somos nós que o forçamos a *escolher-se judeu*, quer ele se evada, quer ele se reivindique, somos nós que o encurralamos no dilema da inautenticidade ou da autenticidade judaica. Nós criamos essa espécie de homens que não têm sentido senão como produto artificial de uma sociedade capitalista (ou feudal), que não têm outra razão de ser exceto servir de bode expiatório a uma coletividade ainda pré-lógica. Essa espécie de homens que *testemunha sobre o homem* mais do que todas as outras porque nasceu de reações secundárias no interior da humanidade, essa quinta-essência de homem, desvalida, desarraigada, originalmente votada à inautenticidade ou ao martírio. Não há um de nós que, nessas circunstâncias, não seja totalmente culpado e mesmo criminoso; o sangue judeu que os nazistas derramaram recai sobre todas as nossas cabeças.

Não obstante, alguém dirá, o judeu é livre: pode optar por ser autêntico. Por certo, mas é necessário compreender antes de tudo que *isso não nos compete*: o cativo tem sempre a liberdade de evadir-se, se for evidente que há risco de morte ao transpor os arames farpados; será por isso o seu carcereiro menos culpado? A autenticidade judaica consiste em escolher-se *como judeu*, isto é, em realizar sua condição judaica. O judeu autêntico abandona o mito do homem universal: ele se conhece e se quer na história como criatura histórica e maldita; cessou de evadir-se e de sentir vergonha dos seus. Compreendeu que a sociedade é má; ao monismo ingênuo do judeu inautêntico, substitui um pluralismo social; sabe que é à parte, intocável, infamado, proscrito e é como tal que ele se reivindica.

No mesmo lance, renuncia ao seu otimismo racionalista: vê o mundo fracionado em divisões irracionais e, aceitando esse fracionamento – ao menos no que lhe tange – proclamando-se judeu, torna seus alguns desses valores e dessas divisões; escolheu seus irmãos e seus pares: são os demais judeus; aposta na grandeza humana, visto que aceita viver numa condição que se define precisamente como insuportável, visto que extrai seu orgulho de sua humilhação. Tira todo o poder e toda a virulência do antissemita, desde o instante mesmo que deixa de ser passivo. Pois o judeu inautêntico fugia de sua realidade judaica e era o antissemita que o fazia judeu apesar disso; o judeu autêntico, em compensação, *se faz* judeu ele próprio por si próprio, para e contra todos; aceita tudo até o martírio e o antissemita desarmado deve contentar-se com ladrar à sua passagem, sem poder marcá-la. Desde esse instante, o judeu, como todo homem autêntico, escapa à descrição: os caracteres comuns que salientamos nos judeus inautênticos emanavam de sua comum inautenticidade. Não encontraremos nenhum no judeu autêntico: ele é aquilo que ele se faz, eis tudo quanto se pode dizer. Reencontra-se no abandono consentido, um homem, todo um homem, com os horizontes metafísicos que comporta a condição humana.

As boas almas, contudo, não poderão tranquilizar-se dizendo: "Pois bem, já que o judeu é livre, que seja autêntico e nós teremos paz." A escolha da autenticidade não constitui uma solução social do problema judeu: não é sequer uma solução individual. Sem dúvida, os judeus autênticos são hoje bem mais numerosos do que se imagina. Os sofrimentos que padeceram nos últimos anos não contribuíram pouco para lhes abrir os olhos e me parece mesmo provável que haja mais judeus autênticos do que cristãos autênticos. Porém a escolha que efetuaram de si próprios não lhes facilita a ação individual, muito ao contrário. Eis, por exemplo, um judeu francês "autêntico" que, depois de ter combatido em 1940, dirige em Londres uma revista francesa de propaganda durante a ocupação. Escreve sob um pseudônimo porque deseja evitar que sua mulher, "ariana", e que permaneceu na França, seja perturbada. Procedem do mesmo modo muitos franceses emigrados; e todo mundo não vê nada de mal nisso, em se tratando deles. Mas no caso do judeu nega-se-lhe o mesmo direito: "Ah!, dizem, mais um *youtre* que quer dissimular a origem." Seleciona os artigos a publicar levando em conta unicamente o seu valor. Mas se, por acaso, a proporção dos artigos judeus é grande, os leitores escarnecem, escrevem-lhe: "Vemos que a grande família se reconstitui." Se recusa um artigo judeu, alguém dirá, ao contrário, que "faz antissemitismo". Pois bem, alguém afirmará, que ele se ria disso, pois é autêntico. É fácil falar. Ele não pode rir-se do fato, posto que *sua ação é* precisamente de *propaganda*; depende, portanto, da opinião: "Está certo: significa então que esse gênero de ação está vedado aos judeus; que se abstenham dela." Vejam aonde chegamos: aceitaríeis a autenticidade se ela conduzisse diretamente ao gueto. E sois vós que recusais ver nela uma solução do problema. Socialmente, aliás, as coisas não estão melhores: as circunstâncias que engendramos são tais que terminam por semear a discórdia entre os judeus. Na verdade, a escolha de autenticidade pode levar a decisões políticas opostas. O judeu pode escolher-se reivindicando seu lugar de judeu, com seus direitos e seu martírio na comunidade francesa; pode preocupar-se antes de tudo em provar que a melhor maneira para ele ser francês é afirmar-se *judeu francês*. Mas é possível que sua escolha o induza a reivindicar uma nação judaica dotada de um solo e de uma autonomia; pode persuadir-se que a autenticidade judaica exige que o judeu seja sustentado por uma comunidade israelita. Não seria impossível conceber que essas escolhas opostas possam anuir e completar-se como duas manifestações da realidade judaica. Mas, para tanto, seria mister que os atos dos judeus não fossem espreitados e não corressem o risco perpétuo de fornecer armas contra eles a seus adversários. Se não houvéssemos criado para o judeu *sua situação* de judeu, tratar-se-ia, em suma, de uma opção, sempre possível, entre Jerusalém e a França; a imensa maioria dos israelitas franceses optaria por permanecer na França, um pequeno número iria engrossar a nação judaica na Palestina; isso não significaria de modo algum que o judeu integrado na coletividade francesa conservasse ligações com Tel Aviv; no máximo, a Palestina representaria a seus olhos uma espécie de calor ideal, um símbolo, e a existência de uma comunidade judaica autônoma seria infinitamente menos perigosa para a integridade da sociedade francesa do que, por exemplo, a de um clero ultramontano que toleramos perfeitamente. Mas o estado atual dos espíritos converte uma opção tão legítima em fonte de conflito entre os israelitas. Aos olhos do antissemita, a constituição de uma nação judaica subministra a prova de que o judeu se encontra deslocado na comunidade francesa. Outrora, censuravam-lhe a raça, agora, consideram-no dependente de um país estrangeiro; nada tem a fazer entre nós, que vá, pois, para Jerusalém. Assim a autenticidade, quando conduz ao sionismo, é prejudicial aos judeus que querem permanecer em suas pátrias originais, porque proporciona argumentos ao antissemita. O judeu francês irrita-se com o sionista que vem complicar mais ainda uma situação já tão delicada e o sionista agasta-se com o judeu francês acusando-o *a priori* de inautenticidade. Assim, a escolha da autenticidade surge como uma determinação *moral* que traz ao judeu uma certeza no plano ético, mas não poderia servir de nenhum modo de solução no plano social e político: a situação do judeu é tal que tudo quanto faz se volta contra ele.

4

As observações anteriores não pretendem, evidentemente, levar a uma solução do problema judeu. Mas, em todo caso, não é impossível especificar, a partir delas, as condições em que se pode contemplar uma solução. De fato, acabamos de ver que, contrariamente a uma opinião difundida, não é o caráter judeu que provoca o antissemitismo, mas, ao invés, é o antissemita que engendra o judeu. O fenômeno primeiro é, portanto, o antissemitismo, estrutura social regressiva e concepção do mundo pré-lógica. Isso posto, o que pretendemos? De fato, cumpre notar que a solução do problema comporta a definição do objetivo a alcançar e os meios de alcançá-lo. Com muita frequência discute-se sobre os meios, enquanto se está ainda muito incerto acerca do fim.

Na realidade, o que desejamos? A assimilação? Todavia, é um sonho: o verdadeiro adversário da assimilação, como já o estabelecemos, não é o judeu, mas o antissemita. Desde a sua emancipação, isto é, há um século e meio, aproximadamente, o judeu engenha-se em ser aceito por uma sociedade que o repele. Seria, pois, inútil agir sobre ele com o fito de apressar essa integração que sempre recua à sua frente: enquanto houver um antissemita, a assimilação não poderá realizar-se. É certo que alguns encaram a possibilidade de empregar os grandes meios: alguns judeus exigem que se desbatizem todos os israelitas, que sejam obrigados a chamar-se Durand e Dupont. Mas a medida é insuficiente: deveriam acrescentar uma política de casamentos mistos e proibições rigorosas visando as práticas religiosas e, em particular, a circuncisão. Declaro-o francamente: tais medidas me parecem desumanas. Na verdade, é possível que Napoleão tenha pensado em adotá-las: mas Napoleão considerava precisamente a possibilidade de sacrificar a pessoa à comunidade. Nenhuma democracia pode aceitar uma integração dos judeus ao preço dessa coerção. Aliás, semelhante procedimento só pode ser pregado por judeus inautênticos expostos a uma crise de antissemitismo; visa nada menos do que liquidar a raça judaica; representa, levada ao extremo, a tendência que notamos no democrata, para suprimir pura e simplesmente o judeu em favor do *homem*. Mas o *homem* não existe: há judeus, protestantes, católicos; há franceses, ingleses, alemães; há brancos, pretos, amarelos. Trata-se, em suma, de aniquilar uma comunidade espiritual baseada nos costumes e na afeição em prol de uma coletividade nacional. A maioria dos judeus conscientes recusarão a assimilação, se ela se lhes apresentar sob esse aspecto. Sonham, por certo, com integrar-se na nação, *mas como judeus*; quem, pois, ousaria reprová-los por isso? Obrigaram-nos a considerarem-se judeus, levaram-nos a tomar consciência de sua solidariedade com os demais judeus; é de espantar que repilam presentemente as medidas que tendam a destruir Israel? Debalde objetar-se-á que formam uma nação dentro da nação. Já tentamos mostrá-lo: a comunidade judaica não é nacional, nem internacional, nem religiosa, nem étnica, nem política; é uma comunidade quase *histórica*. A sua situação concreta é que faz o judeu; a identidade de situação é o que o une a outros judeus. Esse corpo quase histórico não poderia ser considerado como um elemento alienígena na sociedade. Muito ao contrário, é-lhe necessário. Se a Igreja tolerou sua existência, numa época em que era onipotente, é porque o judeu assumia certas funções econômicas que o tornavam indispensável. Hoje, tais funções são acessíveis a todos, mas isso não significa que o judeu, como fator espiritual, não contribua para dar à nação francesa seu caráter particular e seu equilíbrio. Descrevemos óbvia e talvez severamente os traços do judeu inautêntico: não há um só que se oponha a sua assimilação *como tal* na sociedade nacional. Ao contrário, seu racionalismo, seu espírito crítico, seu sonho de uma sociedade contratual, de uma fraternidade universal, seu humanismo, tornam-no como que um fermento indispensável dessa sociedade. Um liberalismo concreto é o que nos propomos aqui. Significamos com isso que todas as pessoas que colaboram, por seu trabalho, para a grandeza de um país, gozam de pleno direito de cidadão no país. Não é a posse de uma problemática e abstrata "natureza humana" o que lhe concede tal direito, mas a sua ativa participação na vida da sociedade. Isso quer dizer, portanto, que os judeus, assim como os árabes ou os negros, desde que se solidarizem com a empreitada nacional, têm direito de vigilância sobre essa empreitada; são cidadãos. Mas possuem tais direitos *a título* de judeus, negros ou árabes, ou seja, como pessoas concretas. Nas sociedades em que a mulher goza do direito de voto, não se pede às eleitoras que mudem de sexo quando se aproximam das urnas: o sufrágio feminino vale rigorosamente como o do homem, mas ela vota como mulher, com suas paixões e preocupações de mulher, com seu caráter de mulher. Quando se trata dos direitos legais do judeu e de direitos ainda mais obscuros, porém igualmente indispensáveis, que não figuram em qualquer código, cumpre reconhecer-lhe tais direitos, não na medida em que é um eventual cristão, mas na medida em que é judeu francês: *devemos* aceitá-lo com seu caráter, seus costumes, seus gostos, sua religião, se ele a tem, seu nome, seus traços físicos. E sendo total e sincera, tal aceitação facilitará em primeiro lugar ao judeu a escolha da autenticidade, e depois, pouco a pouco, possibilitará sem violência, pelo próprio curso da história, essa assimilação à qual se pretende obrigá-lo.

Mas o liberalismo concreto que acabamos de definir é um fim; corre grande perigo de converter-se em simples ideal, se não determinarmos os meios de atingi-lo. Ora, como já demonstramos, não se poderia sequer cogitar de agir sobre o judeu. O problema judaico nasceu do antissemitismo; logo, para resolvê-lo, é preciso suprimir o antissemitismo. A questão resulta, pois, nesta outra: como agir sobre o antissemitismo? Os procedimentos comuns e, em especial, a propaganda e a instrução não são desprezíveis. Seria de desejar que a criança recebesse na escola uma educação que lhe permitisse evitar os erros apaixonados. Cabe temer, todavia, que os resultados sejam puramente individuais. Da mesma forma, não se deve ter medo de proibir por leis permanentes os desígnios e os atos que tendam a lançar descrédito sobre uma categoria de franceses. Mas não nos iludamos acerca da eficácia dessas medidas: as leis jamais perturbaram e jamais hão de perturbar o antissemita, que tem a consciência de pertencer a uma sociedade mística fora da legalidade. Podemos acumular os decretos e os interditos; provirão sempre da França legal e o antissemita pretende representar a França real.

Lembremos que o antissemitismo é uma concepção maniqueísta e primitiva de mundo onde o ódio ao judeu comparece a título de grande mito explicativo. Vimos que não se trata de uma opinião isolada, mas da escolha global que um homem em situação faz de si mesmo e do sentido do universo. É a expressão de certo senso feroz e místico da propriedade imobiliária. Caso se pretenda impossibilitar tal escolha, não basta dirigir-se por intermédio da propaganda, da educação e das proibições legais, à *liberdade* do antissemita. Visto que, como todo homem, ele é uma liberdade em situação, é a sua situação que devemos modificar de alto a baixo: com efeito, basta mudar as perspectivas da escolha para que a escolha se transforme; não ferimos então a liberdade, mas a liberdade decide sobre outras bases, a propósito de outras estruturas. A política nunca pode influir na liberdade dos cidadãos e sua própria posição veda-lhe preocupar-se com ela de outra forma a não ser a negativa, isto é, cuidando a fim de não entravá-la; ela só pode agir sobre situações. Verificamos que o antissemitismo constitui um esforço apaixonado para realizar uma união nacional *contra* a divisão das sociedades em classes. Tenta eliminar a fragmentação da comunidade em grupos hostis entre si, levando as paixões comuns a uma temperatura tal que dissolve as barreiras. E como, apesar disso, as divisões subsistem, posto que suas causas econômicas e sociais permanecem intactas, visa agrupá-las todas numa só: as distinções entre ricos e pobres, entre classes trabalhadoras e classes possuidoras, entre poderes legais e poderes ocultos, entre citadinos e campesinos etc., ele as resume numa só diferença, a do judeu e a do não judeu. Isso significa que o antissemitismo é uma representação mística e burguesa da luta de classes e que não poderia existir numa sociedade sem classes. Manifesta a *separação* dos homens e seu isolamento no seio da comunidade, o conflito dos interesses, o fracionamento das paixões: não poderia existir, exceto nas coletividades onde uma solidariedade muito fraca une pluralidades fortemente estruturadas; é um fenômeno de pluralismo social. Numa sociedade, cujos membros são todos solidários, porque todos estão empenhados na mesma empreitada, não haverá lugar para o antissemitismo. Enfim, manifesta certa ligação mística e participacionista do homem com o seu "bem" que resulta do regime atual da propriedade. Por isso, numa sociedade sem classes e alicerçada na propriedade coletiva dos instrumentos de trabalho, quando o homem, libertado por fim das alucinações no além mundo, se lançar finalmente à *sua* empreitada, que é a de infundir existência ao reino humano, o antissemitismo já não encontrará razão de ser: tê-lo-ão cortado em suas raízes. Assim o judeu autêntico que se pensa como judeu porque o antissemita o colocou em situação de judeu não se opõe à assimilação mais do que o operário que, tornando-se consciente de sua pertença a uma classe, se opõe à liquidação das classes. Bem ao contrário, nos dois casos, é pela tomada de consciência que se apressará a supressão da luta de classes e do racismo. Simplesmente, o judeu autêntico renuncia *para ele* a uma assimilação hoje impossível e espera para seus filhos a liquidação radical do antissemitismo. O judeu de hoje encontra-se em plena guerra. O que quer dizer isso senão que a revolução socialista é necessária e suficiente para eliminar o antissemita: é *também* para os judeus que faremos a revolução.

E entrementes? Pois, no fim de contas, constitui uma solução preguiçosa a de deixar a uma revolução futura o cuidado de liquidar a questão judaica. Ora, ela nos interessa a todos diretamente; somos todos solidários com o judeu, pois o antissemitismo leva diretamente ao nacional-socialismo. E, se nós não respeitarmos a pessoa do israelita, então quem nos respeitará? Se estamos conscientes desses perigos, se vivemos na vergonha dessa cumplicidade involuntária com os antissemitas, que nos converteu em carrascos, começaremos talvez a compreender que é preciso lutar pelo judeu, tanto quanto por nós mesmos. Dizem-me que acaba de ressurgir uma liga judaica contra o antissemitismo. Estou encantado com o fato: isso prova que o senso de autenticidade se desenvolve entre os israelitas. Mas essa liga será de fato eficaz? Muitos judeus e – dos melhores – hesitam em entrar em seu quadro por uma espécie de modéstia: "É muita história", dizia-me um deles recentemente. E acrescentava de modo bastante desajeitado, mas com profundo e sincero pudor: "O antissemitismo e as perseguições não têm importância." É fácil compreender essa repugnância. Mas *nós* que não somos judeus, devemos partilhá-la? Richard Wright, o escritor negro, dizia há pouco tempo: "Não há problema negro nos Estados Unidos, há apenas um problema branco." Afirmaremos da mesma maneira que o antissemita não é um problema judeu: é *nosso* problema. Já que somos culpados e que nos arriscamos de ser, nós também, as vítimas, necessário é que estejamos demasiado cegos para não vermos que o antissemitismo é acima de tudo assunto nosso. Antes de tudo não cabe aos judeus organizar uma liga militante contra o antissemitismo, mas a nós. É evidente que semelhante liga não suprimirá o problema. Mas se ela se ramificasse por toda a França, se conseguisse obter o reconhecimento oficial do Estado, se sua existência suscitasse, em outros países, ligas análogas às quais ela se uniria a fim de formar, enfim, uma associação internacional, se interviesse eficazmente em qualquer parte onde lhe assinalassem injustiças, se atuasse por intermédio da imprensa, da propaganda e do ensino, alcançaria um triplo resultado: primeiro, permitiria que os adversários do antissemitismo se contassem e se unissem numa coletividade ativa; em seguida, congregaria, pela força de atração que exerce sempre um grupo organizado, bom número de vacilantes que *nada* pensam sobre a questão judaica; por fim, ofereceria a um adversário que opõe de bom grado o país real ao país legal, a imagem de uma comunidade concreta empenhada, para além da abstração universalista da legalidade, num combate particular. Assim subtrairia o argumento favorito do antissemita, que repousa no mito do concreto. A causa dos israelitas estaria triunfante pela metade se apenas seus amigos encontrassem, para defendê-los, um pouco da paixão e da perseverança que seus inimigos aplicam para perdê-los. A fim de despertar tal paixão, não se deve apelar para a generosidade dos arianos: no melhor ariano, tal virtude está eclipsada. Mas conviria apontar a cada um que o destino dos judeus é *seu* destino. Nenhum francês será livre enquanto os judeus não gozarem da plenitude de seus direitos. Nenhum francês estará em segurança enquanto um judeu, em França e *no mundo inteiro*, possa temer por sua vida.

orfeu negro

O que esperáveis que acontecesse, quando tirastes a mordaça que tapava essas bocas negras?[1] Que vos entoariam louvores? Essas cabeças que nossos pais haviam dobrado pela força até o chão, pensáveis, quando se reerguessem, que leríeis a adoração em seus olhos? Ei-los em pé, homens que nos olham e faço votos para que sintais como eu a comoção de ser visto. Pois o branco desfrutou durante três mil anos o privilégio de ver sem que o vissem; era puro olhar, a luz de seus

■ ■ ■

1 Introdução à *Anthologie de la nouvelle poésie nègre et malgache*, organizada por Léopold Sédar Senghor, Paris: Presses Universitaires, 1948; poetas inclusives: Léon-G. Damas (Guiana); Gilbert Gratiant, Aimé Césaire e Etienne Lebo (Martinica); Guy Tirolien e Paul Niger (Guadalupe); Léon Laleau, Jacques Roumain, Jean-F. Brière e René Belance (Haiti); Birago Diop, Léopold Sédar Senghor, David Diop (África Negra); Jean-Joseph Rabéarivelo, Jacques Rabémananjara e Flavien Ranaivo (Madagascar).

olhos subtraía todas as coisas da sombra natal, a brancura de sua pele também era um olhar, de luz condensada. O homem branco, branco porque era homem, branco como o dia, branco como a verdade, branco como a virtude, iluminava a criação qual uma tocha, desvelava a essência secreta e branca dos seres. Hoje, esses homens pretos nos miram e nosso olhar reentra em nossos olhos; tochas negras, ao seu redor, iluminam o mundo, e nossas cabeças brancas não passam de pequenas luminárias balouçadas pelo vento. Um poeta negro, sem mesmo se preocupar conosco, segreda à mulher que ama:

> Mulher nua, mulher negra
> envolvida com tua cor que é vida [...]
> Mulher nua, mulher sombra,
> Fruto maduro de carne firme, êxtase turvo de vinho negro.[2]

E nossa brancura nos parece um estranho verniz pálido que impede nossa pele de respirar, uma malha branca de balé, desgastada nos cotovelos e nos joelhos, sob a qual, se pudéssemos despi-la, encontrar-se-ia a verdadeira carne humana, a carne cor de vinho negro. Julgamo-nos essenciais ao mundo, os sóis de suas messes, as luas de suas marés: não passamos de meros animais de sua fauna. Nem sequer animais:

> Estes Senhores da cidade
> Estes Senhores compenetrados

2 Os trechos de poemas contidos neste trabalho foram traduzidos por Fernando Correia da Silva (1931-2014; N. da T.)

Que já não sabem dançar à noite sob o luar
Que já não sabem andar sobre a carne de seus pés
Que já não sabem contar histórias noites adentro [...].

Outrora europeus por direito divino, sentimos há algum tempo nossa dignidade esboroar-se sob os olhares americanos ou soviéticos; a Europa já não é senão um acidente geográfico, a península que a Ásia lança até o Atlântico. Se ao menos esperássemos recobrar algo de nossa grandeza aos olhos domésticos dos africanos. Porém não há mais olhos domésticos: há olhares selvagens e livres que julgam nossa terra.

Aqui está um negro errante:

até o fim
da eternidade de seus infinitos bulevares
de "tiras" [...].

E o outro que grita para seus irmãos:

Ai de mim! Europa aracnídea move os dedos e suas falanges de navios [...].

E eis:

o emboscado silêncio desta noite d'Europa [...].

em que

nada há que o tempo não desonre.

Escreve um negro:

> Montparnasse e Paris, a Europa e seus tormentos sem fim,
> Perseguir-nos-ão, por vezes, como se fossem recordações ou inquietudes.

E de pronto, aos nossos próprios olhos, a França se afigura exótica. Não passa de uma lembrança, uma inquietude, uma bruma branca que pousa no fundo de almas assoalhadas, uma hinterlândia atormentada onde não é bom viver; derivou para o norte, ancorou perto de Camecháteca: o sol, esse sim, é essencial, o sol dos trópicos e o mar "piolhento de ilhas", as rosas de Imango e os lírios de Iarive e os vulcões da Martinica. O ser é negro, o ser é ígneo, nós somos acidentais e longínquos, devemos justificar-nos por nossos costumes, nossas técnicas, nossa palidez de mal cozidos e nossa vegetação azinhavre. Somos roídos até os ossos por estes olhares tranquilos e corrosivos:

> Escuta o mundo branco
> horrivelmente lasso de seu imenso esforço
> suas articulações rebeldes estalando sob estrelas duras
> sua inflexibilidade d'aço azul varando a carne mística
> escuta suas vitórias proditórias a trombetear suas derrotas
> escuta nos álibis grandiosos seu miserável estertor
> Piedade para nossos vencedores oniscientes e ingênuos.

Estamos, pois, liquidados; nossas vitórias, de ventre para o ar, exibem suas entranhas, nosso secreto revés. Se queremos quebrar essa finitude que nos aprisiona, não mais podemos confiar nos privilégios de nossa raça, cor e técnicas: só poderemos unir-nos a essa totalidade de onde nos exilam esses olhos negros, arrancando nossas malhas brancas para tentarmos ser simplesmente homens.

Entretanto, se tais poemas nos dão vergonha, não é deliberadamente: não foram escritos para nós; todos os que, colonos e cúmplices, abrirem este livro, acreditarão ler, por sobre um ombro, versos que não lhes são destinados. Aos negros é que esses negros se dirigem, e para falar-lhes de negros: sua poesia não é satírica nem imprecatória: é uma tomada de consciência: "Então, direis, no que nos interessa ela, se não a título de documento? Não podemos penetrá-la." Gostaria de mostrar qual o caminho de acesso a esse mundo de azeviche e como essa poesia que parece de início racial é finalmente um canto de todos e para todos. Numa palavra, dirijo-me aqui aos brancos e gostaria de explicar-lhes o que os negros já sabem: porque é necessariamente por meio de uma experiência poética que o negro, na situação presente, deve primeiro tomar consciência de si mesmo e, inversamente, porque a poesia negra de língua francesa é, em nossos dias, a excepcional e grande poesia revolucionária.

■ ■ ■

Se o proletariado branco raramente usa a linguagem poética para falar de seus sofrimentos, de suas cóleras ou do orgulho que tem de si próprio, não é por acaso; não creio tampouco que os trabalhadores sejam menos "talentosos" do que nossos filhos de família; o "talento", essa graça eficaz, perde toda a significação quando se pretende decidir se está mais espalhado numa classe do que noutra. Não se trata tampouco de que a dureza do trabalho lhes rouba o poder de cantar: os escravos mourejavam ainda mais e nós sabemos de cânticos de escravos. É preciso, portanto, reconhecê-lo: são as circunstâncias atuais da luta de classes que desviam o operário da expressão poética. Oprimido pela técnica, quer-se técnico, porque sabe que a técnica será o instrumento de sua libertação; se lhe cumpre poder um dia controlar a gestão das empresas, não ignora que só o alcançará por um saber profissional, econômico e científico. Possui um conhecimento profundo e prático disso que os poetas denominaram a natureza, mas que lhe vem mais pelas mãos do que pelos olhos: a natureza é para o operário a matéria, essa resistência passiva, essa adversidade dissimulada que ele trabalha com suas ferramentas; a matéria não canta. Ao mesmo tempo, a fase atual de seu combate exige, de sua parte, uma ação contínua e positiva: cálculo político, previsões exatas, disciplina, organização das massas; o sonho, no caso, seria traição. Racionalismo, materialismo, positivismo, esses grandes temas de sua batalha cotidiana são os menos propícios à criação espontânea de mitos poéticos. O último desses mitos, a famosa "grande noite", recuou diante das necessidades da luta: é preciso correr a toda, ganhar essa posição, aquela outra, conseguir um aumento de salário, resolver sobre esta greve de solidariedade, aquele protesto contra a guerra da Indochina: só a eficácia é que conta. E não resta dúvida de que a classe oprimida deve primeiro tomar consciência de si mesma. Mas essa tomada de consciência é exatamente o contrário de uma reimersão em si: trata-se de reconhecer, na ação e pela ação, a conjuntura objetiva do proletariado que pode definir-se pelas circunstâncias da produção ou da repartição dos bens. Unidos e simplificados por uma opressão que incide em todos e em cada um por uma luta comum, os trabalhadores não conhecem quase as contradições internas que fecundam a obra de arte e prejudicam a práxis. Conhecer-se, para eles, significa situar-se em relação às grandes forças que os envolvem, é determinar o lugar exato que ocupam em sua classe e a função que preenchem no Partido. A própria linguagem por eles utilizada está isenta desses leves afrouxamentos de porca, dessa impropriedade constante e tênue, desse jogo nas transmissões que engendram o verbo poético. Em seu ofício, empregam termos técnicos e bem determinados; quanto à linguagem dos partidos revolucionários, Parain demonstrou que é pragmática: serve para transmitir ordens, palavras de ordem, informações; se perde o rigor, o Partido desfaz-se. Tudo isso leva à eliminação cada vez mais rigorosa do sujeito; ora, é mister que a poesia permaneça subjetiva por algum lado. Faltou ao proletariado uma poesia que fosse social, embora captando suas fontes na subjetividade, que fosse social na exata medida em que era subjetiva, que se estabelecesse sobre um revés da linguagem e que, no entanto, fosse tão exaltadora, tão comumente compreendida quanto a mais precisa das palavras de ordem ou o "proletários de todos os países, uni-vos" que se lê às portas da Rússia Soviética. Nessa carência, a poesia da revolução futura permaneceu em mãos de jovens burgueses bem-intencionados que buscavam a inspiração em suas próprias contradições psicológicas, na antinomia entre o ideal e a classe, na incerteza da velha língua burguesa.

O preto, como o trabalhador branco, é vítima da estrutura capitalista de nossa sociedade; tal situação desvenda-lhe a estreita solidariedade, para além dos matizes de pele, com certas classes de europeus oprimidos como ele; incita-o a projetar uma sociedade sem privilégio em que a pigmentação da pele será tomada como simples acidente. Mas, embora a opressão seja uma, ela se circunstancia segundo a história e as condições geográficas: o preto sofre o seu jugo, como preto, a título de nativo colonizado ou de africano deportado. E, posto que o oprimem em sua raça, e por causa dela, é de sua raça, antes de tudo, que lhe cumpre tomar consciência. Aos que, durante séculos, tentaram debalde, porque era negro, reduzi-lo ao estado de animal, é preciso que ele os obrigue a reconhecê-lo como homem. Ora, no caso não há escapatória, nem subterfúgios, nem "passagem de linha" a que possa recorrer; um judeu, branco entre os brancos, pode negar que seja judeu, declarar-se homem entre homens. O negro não pode negar que seja negro ou reclamar para si essa abstrata humanidade incolor: ele é preto. Está, pois, encurralado na autenticidade: insultado, avassalado, reergue-se, apanha a palavra "negro" que lhe atiram qual uma pedra; reivindica-se como preto, perante o branco, na altivez. A unidade final, que aproximará todos os oprimidos no mesmo combate, deve ser precedida nas colônias por isso que eu chamaria momento da separação ou da negatividade: esse racismo antirracista é o único caminho capaz de levar à abolição das diferenças de raça. E como poderia ser de outra maneira? Podem os negros contar com a ajuda do proletariado branco, distante, distraído por suas próprias lutas, antes que estejam unidos e organizados em seu solo? Não é necessário, aliás, todo um trabalho de análise para perceber a identidade dos interesses profundos sob a diferença manifesta das condições: apesar dele próprio, o operário branco lucra um pouco com a colonização; por mais baixo que seja seu nível de vida, sem a colonização seria ainda mais. Em todo caso é explorado menos cinicamente que o jornaleiro de Dacar e de Saint-Louis. E, ademais, o equipamento técnico e a industrialização dos países europeus permitem-lhe conceber que medidas de socialização sejam imediatamente aplicáveis; visto do Senegal ou do Congo, o socialismo surge principalmente como um lindo sonho: para que os camponeses negros descubram que esse é o fim necessário de suas reivindicações imediatas e locais, cumpre primeiro que aprendam a formular em comum tais reivindicações e, portanto, que se pensem como negros.

Mas essa tomada de consciência difere em natureza da que o marxismo procura despertar no operário branco. A consciência de classe do trabalhador europeu tem seu eixo na natureza do lucro e da mais-valia, nas condições atuais da propriedade dos instrumentos de trabalho, em suma, nas características objetivas da *situação* do proletário; porém, como o desprezo que os brancos ostentam para com os pretos – e que não possui equivalente na atitude dos burgueses em relação à classe operária – visa tocá-los no fundo do coração, é mister que os negros lhe oponham uma concepção mais justa da subjetividade negra; por isso a consciência de raça centra-se sobretudo na alma negra, ou melhor, já que o termo aparece muitas vezes nesta antologia, em certa qualidade comum aos pensamentos e às condutas dos negros, que se chama negritude[3]. Ora, para constituir conceitos raciais, só há duas maneiras de operar: transpõe-se para a objetividade certos caracteres subjetivos, ou então, tenta-se interiorizar condutas objetivamente discerníveis; assim o negro que reivindica sua negritude num movimento revolucionário coloca-se de pronto no terreno da reflexão, quer deseje reencontrar em si próprio certos traços objetivamente verificados nas civilizações africanas, quer espere descobrir a essência negra nas profundezas de seu coração. Assim reaparece a subjetividade, relação de si mesmo consigo, fonte de toda poesia, de que o trabalhador teve de se mutilar. O preto que chama seus irmãos de cor a tomarem consciência de si próprios tentará apresentar-lhes a imagem exemplar de sua negritude e voltar-se para a

■ ■ ■

3 Mário Pinto de Andrade, intelectual negro de Angola, em sua introdução à *Antologia da Poesia Negra de Expressão Portuguesa*, Paris: Pierre Jean Osvald, 1958, escreve: "sei que alguns espíritos portugueses bem pensantes esperam de mim que renuncie finalmente ao termo 'negritude'. Pois bem: um *dépassement* da negritude é um fato evidente entendido como simples afirmação do ato de existir do mundo, sobretudo com a poesia negra de expressão francesa que constitui o seu principal veículo. Mas o poeta negro em nada deve renunciar à sua qualidade ou às suas características; pelo contrário, o fundamento de sua universalidade reside na plena afirmação de sua particularidade que não é puramente étnica, mas tanto histórica como social e cultural, numa palavra, humana". (N. da T.)

sua própria alma a fim de aí captá-la. Ele se quer farol e espelho concomitantemente; o primeiro revolucionário será o anunciador da alma negra, o arauto que arrancará de si a negritude para estendê-la ao mundo, meio profeta, meio guerrilheiro, em suma, um poeta na acepção precisa da palavra *vates*. E a poesia negra nada tem em comum com as efusões do coração: é funcional, corresponde a uma necessidade que a define precisamente. Folheai uma antologia da atual poesia branca: encontrareis centenas de assuntos diversos, conforme o humor e a preocupação do poeta, conforme sua condição e seu país. Nesta que eu vos apresento, há apenas um tema que todos procuram tratar, com maior ou menor felicidade. Do Haiti a Caiena, uma só ideia: *manifestar* a alma negra. A poesia negra é evangélica, anuncia a boa nova: a negritude reencontrada.

Contudo, essa negritude que o poeta quer pescar em suas próprias profundezas abissais não cai por si mesma sob o olhar da alma: na alma nada é dado. O heraldo da alma negra passou pelas escolas brancas, segundo a lei de bronze que recusa ao oprimido todas as armas que ele próprio não tenha roubado ao opressor; é ao choque da cultura branca que sua negritude passou da existência imediata ao estado refletido. Mas ao mesmo tempo esse arauto deixou mais ou menos de vivê-la. Ao optar por ver aquilo que é, desdobrou-se, não mais coincide consigo mesmo. E reciprocamente, por já estar exilado de si próprio, é que se incumbiu dessa obrigação de manifestá-la. Começa, portanto, pelo exílio. Um duplo exílio: do exílio de seu coração, o exílio de seu corpo oferece uma imagem magnífica;

vive na maior parte do tempo na Europa, no frio, no meio das multidões cinzentas; sonha com Porto Príncipe, no Haiti. Mas não é o suficiente: em Porto Príncipe, já se encontrava no exílio; os negreiros arrancaram seus pais da África e os dispersaram. E *todos* os poemas deste livro (exceto os que foram escritos na África) nos proporcionam a mesma geografia mística. Um hemisfério; embaixo, no primeiro dos três círculos concêntricos, entende-se a terra do exílio, a Europa incolor; segue-se o círculo ofuscante das ilhas e da infância que dançam a ronda em torno da África; a África, último círculo, umbigo do mundo, polo de toda a poesia negra, a África ofuscante, incendiada, oleosa como uma pele de serpente, a África de fogo e chuva, tórrida e tufosa, a África fantasma vacilante qual uma flama, entre o ser e o nada, mais *verdadeira* do que os "infinitos bulevares de tiras", porém ausente, desintegrando a Europa com seus raios negros e no entanto invisível, fora de alcance, a África, continente *imaginário*. A possibilidade inaudita da poesia negra é que as preocupações do nativo colonizado encontram símbolos evidentes e grandiosos, bastando aprofundá-los e meditar a seu respeito incessantemente: o exílio, a escravidão, o par África-Europa e a grande divisão maniqueísta do mundo em negro e branco. Esse exílio ancestral dos corpos figura o outro exílio: a alma negra é uma África da qual o preto está exilado no meio dos frios *buildings* da cultura e da técnica brancas. A negritude toda presente e oculta o persegue, o roça, ele se roça em sua asa sedosa, ela palpita, toda distendida através dele, como sua profunda memória e sua exigência mais alta, como sua infância sepulta, traída, e a infância de sua raça e o chamado da terra, como o formigamento dos instintos e a indivisível simplicidade da natureza, como o puro legado de seus antepassados e como a moral que deveria unificar a sua vida truncada. Mas tão logo o negro se volve para encará-la de frente, ela se esvanece como fumaça, erguendo-se entre ambos as muralhas da cultura branca, *sua* ciência, *suas* palavras, *seus* costumes:

> Me devolvam minhas bonecas pretas quero com elas brincar
> os jogos ingênuos de meu instinto
> ficar à sombra de suas leis
> recobrar minha coragem
> minha audácia
> me sentir eu mesmo.
> de novo eu mesmo como eu era ontem
> ontem
> sem complexidade
> ontem
> quando chegou a hora do desenraizamento [...]
> eles arrombaram o espaço que era meu.

Entretanto, seria necessário romper as muralhas da cultura-prisão, seria realmente necessário, um dia, regressar à África: assim surgem indissoluvelmente mesclados, no *vates* da negritude, o tema do retorno ao país natal e o da descida aos Infernos resplendentes da alma negra. Trata-se de uma busca, de um despojamento sistemático e de uma ascese que acompanha um esforço contínuo de aprofundamento. E chamarei de "órfica" tal poesia porque essa incansável descida do negro dentro de si mesmo me lembra Orfeu indo reclamar Eurídice a Plutão. Assim, por uma excepcional felicidade poética, abandonando-se aos transes, rolando pelo chão qual um possuído, vítima de si mesmo, cantando suas cóleras, seus pesares ou suas abominações, exibindo suas pragas, sua vida dilacerada entre a "civilização" e o velho fundo negro em suma, mostrando-se mais lírico, o poeta negro atinge mais seguramente a grande poesia coletiva: falando apenas de si, fala por todos os negros; quando parece asfixiado pelas serpentes de nossa cultura é que se mostra o mais revolucionário, pois empreende então a tarefa de arruinar sistematicamente o saber europeu, e essa demolição em espírito simboliza o grande empunhar de armas, futuro pelo qual os negros destruirão suas cadeias. Um só exemplo basta para esclarecer essa última observação.

No século XIX, ao mesmo tempo que pelejavam pela independência, a maior parte das minorias étnicas tentaram apaixonadamente ressuscitar suas línguas nacionais. Para alguém se dizer irlandês ou húngaro, cumpre sem dúvida pertencer a uma coletividade que goza de larga autonomia econômica e política, mas para ser irlandês é preciso também pensar irlandês, o que significa antes de tudo: pensar na língua irlandesa. Os traços específicos de uma sociedade correspondem exatamente às locuções intraduzíveis de sua linguagem. Ora, o que ameaça frear perigosamente o esforço dos negros a fim de rejeitar nossa tutela, é que os anunciadores da negritude se veem obrigados a redigir em francês o seu evangelho. Dispersos pelo tráfico aos quatro cantos do mundo, os negros não dispõem de uma língua comum; para incitar os oprimidos à união, devem recorrer às palavras do opressor. O francês é que proporcionará ao chantre negro o mais amplo auditório entre os negros, ao menos nos limites da colonização francesa. Nessa língua de carne de galinha, pálida e fria como nossos céus e da qual Mallarmé dizia que "é a língua neutra por excelência, pois o gênio daqui exige uma atenuação de toda cor demasiado viva e das variegações", é nessa língua para eles semimorta que [Léon-Gontran] Damas, Diop, [Léon] Laleau, [Jean-Joseph] Rabéarivelo vertem o fogo de seus céus e de seus corações: só por meio dela é que podem comunicar; semelhantes aos sábios do século XVI que se entendiam tão somente em latim, os negros não se encontram senão no terreno cheio de armadilhas que o branco lhes preparou: entre os colonizados, o colono se arrumou de modo a ser o eterno mediador; está presente, sempre presente, mesmo quando ausente, até nos conciliábulos mais secretos. E como as palavras são ideias, ao declarar em francês que rejeita a cultura francesa, o negro apanha com uma mão o que joga fora com a outra, instala em si mesmo, como uma trituradora, o aparelho de pensar do inimigo. Isso não seria nada: mas, ao mesmo tempo, essa sintaxe e esse vocabulário forjados em outros tempos, a milhares de léguas, a fim de satisfazer outras necessidades e designar outros objetos são impróprios para lhes fornecer os meios de falar de si, de suas preocupações, de suas esperanças. A língua e o pensamento franceses são analíticos. O que aconteceria se o gênio negro fosse antes de tudo sintético? O termo bastante feio de "negritude" é uma das poucas contribuições negras ao nosso dicionário. Mas, enfim, se essa "negritude" é um conceito definível ou ao menos descritível, deve compor-se de outros conceitos mais elementares e correspondentes aos dados imediatos da consciência negra: onde se encontram as palavras que permitem designá-los? Como entendemos a queixa do poeta haitiano:

> Este obsedante coração que não
> apressa minha língua meus costumes,
> e sobre o qual se cravam como arpão
> sentimentos d'empréstimo, costumes
> d'Europa; quem a esta dor alcança,
> este meu desespero sem igual
> de domar com palavras só de França
> meu coração que veio do Senegal.

Não é verdade, porém, que o negro se expressa numa língua "estrangeira", posto que lhe ensinam o francês desde a mais tenra idade e já se encontra à vontade em seu contexto, desde que pensa como técnico, erudito ou político. Caberia antes falar do desnível ligeiro e constante que separa aquilo que ele disse daquilo que desejaria dizer, quando fala de si. Parece-lhe que um espírito setentrional lhe rouba as ideias, inflete-as docemente a fim de significar mais ou menos aquilo que gostaria, que as palavras brancas sorvem seu pensamento como a areia sorve o sangue. Domine-se ele bruscamente, refaça-se e tome distância, e eis que os vocábulos jazem à sua frente, insólitos, meio sinais e meio coisas. Ele não expressará sua negritude com palavras precisas, eficazes, que acertem todas as vezes na mosca. Não expressa sua negritude em prosa. Mas cada qual sabe que esse sentimento de malogro diante da linguagem considerada como meio de expressão direta está na origem de toda experiência poética.

A reação do locutor ao malogro da prosa é, com efeito, isso que Bataille denomina o holocausto das palavras. Enquanto cremos que uma harmonia preestabelecida rege as relações do verbo e do ser, usamos palavras sem vê-las, com uma confiança cega; são órgãos sensoriais, bocas, mãos, janelas abertas para o mundo. Ao primeiro revés, essa tagarelice cai fora de nós; vemos o sistema inteiro, não passa de uma máquina avariada, estatelada, cujos grandes braços ainda se agitam para *indicar* no vazio; julgamos de pronto a louca empresa de nomear; compreendemos que a linguagem é prosa por essência, e a prosa, por essência, malogro; o ser ergue-se diante de nós como uma torre de silêncio e, se ainda queremos captá-lo, só é possível pelo silêncio: "Evocar, numa sombra expressa, o objeto tu por palavras alusivas, jamais diretas, reduzindo-lhe a silêncio igual."[4] Ninguém disse melhor que a poesia é uma tentativa encantatória no sentido de sugerir o ser no e pelo desaparecimento vibratório da palavra: encarecendo sua impotência verbal, tornando as palavras loucas, o poeta nos leva a suspeitar além deste *tohu-vohu*[5] que se anula de si

4 Stéphane Mallarmé, *Magie*, Paris: Pleiade, 1497, p. 400.

5 Em hebraico, "caos original". (N. da T.)

mesmo em enormes densidades silenciosas; já que não podemos nos calar, é preciso fazer silêncio com a linguagem. De Mallarmé aos surrealistas, o objetivo profundo da poesia francesa foi, ao que me parece, essa autodestruição da linguagem. O poema é uma câmara escura onde as palavras se chocam em círculos loucos. Colisão nos ares: iluminam-se reciprocamente com seus incêndios e tombam em chamas.

É nessa perspectiva que cabe situar o esforço dos "evangelistas negros". À astúcia do colono, respondem com uma astúcia inversa e semelhante: visto que o opressor está presente até na língua que eles falam, falarão essa língua para destruí-la. O poeta, europeu de hoje tenta desumanizar as palavras a fim de restituí-las à natureza; o heraldo negro, por sua vez, irá "desfrancesá-las"; empenhar-se-á em triturá-las, em romper-lhes a associação habitual, em as acasalar pela violência:

> em passinhos de chuva de lagartas
> em passinhos de goles de leite
> em passinhos de rolamentos de esferas
> em passinhos de abalo sísmico
> marcham os inhames no solo a grandes passos de
> [clareiras d'estrelas[6].

Só quando vomitaram a sua branquidão é que ele as adota, convertendo esse idioma em ruína numa superlinguagem solene e sacra, a poesia. Tão somente pela poesia

---

6 Aimé Césaire, *Les Armes miraculeuses*, Paris: Gallimard, 1946, "Tam-Tam II".

os negros de Tananarivo e de Caiena, os negros de Porto Príncipe e Saint-Louis, podem comunicar-se entre si, sem testemunhas. E como o francês carece de termos e conceitos para definir a negritude e como a negritude é silêncio, usarão para evocá-la "palavras alusivas, jamais diretas, que se reduzem a silêncio igual". Curtos-circuitos da linguagem: atrás da queda inflamada das palavras, entrevemos um grande ídolo negro e mudo. Não é, pois, só o propósito do negro no sentido de pintar a si mesmo que me parece poético, mas também sua maneira peculiar de utilizar os meios de expressão de que dispõe. Sua situação incita-o a tanto: antes mesmo que pense em cantar, a luz das palavras brancas se refrata nele, se polariza e se altera. Em parte alguma isso se evidencia tanto como em seu modo de usar os dois termos conjugados "negro-branco" que recobrem ao mesmo tempo a grande divisão cósmica "dia e noite" e o conflito humano do nativo e do colono. Mas é um par hierarquizado: ministrando-o ao negro, o professor ministra-lhe, ademais, centenas de hábitos de linguagem que consagram a prioridade do branco sobre o preto. O preto aprenderá a dizer "branco como neve" para significar a inocência, a falar da negrura de um olhar, de uma alma, de um crime. Desde que abre a boca ele se acusa, a menos que se obstine em derrubar a hierarquia. E se a derruba *em francês*, já poetisa: já imaginou o estranho sabor que teriam para nós locuções como "a negrura da inocência" ou "as trevas da virtude"? É o que degustamos em todas as páginas deste livro e, por exemplo, quando lemos:

> Teus seios de cetim negro saltados e brilhantes [...]
> este branco sorriso
> dos olhos
> na penumbra do olhar
> despertam em mim esta noite
> os ritmos surdos...
> com que se embriagam longe no país da Guiné
> nossas irmãs
> negras e nuas
> e levantam em mim
> esta noite
> negros crepúsculos carregados de um sensual frêmito
> porque
> a alma do negro país onde dormem os ancestrais
> vive e fala
> esta noite
> na força inquieta de tuas ilhargas tensas [...]

No decorrer de todo esse poema o negro é uma cor; ou melhor: uma luz; sua radiação doce e difusa dissolve nossos hábitos; o negro país onde dormem os ancestrais não é um inferno tenebroso: é uma terra de sol e de fogo. Mas, por outro lado, a superioridade do branco sobre o negro não traduz apenas a que o colono pretende ter sobre o nativo: mais profundamente, exprime a universal adoração do *dia* e nossos terrores noturnos que também são universais. Nesse sentido, os negros restabelecem a hierarquia que derrubavam há pouco. Não se querem de modo algum poetas *da noite*, isto é, da revolta vã e do desespero: anunciam uma aurora, saúdam a aurora transparente de um novo dia.

De pronto o *negro* reencontra, sob a pena deles, o senso do presságio nefasto:

Negro preto como a miséria,

exclama um deles e outro:

Livra-me da noite de meu sangue.

Assim a palavra "negro" contém ao mesmo tempo todo o mal e todo o bem, recobre uma tensão quase insustentável entre duas classificações contraditórias: a hierarquia solar e a hierarquia racial. Ganha com isso uma extraordinária poesia, como esses objetos autodestrutivos que saem das mãos de Duchamp e dos surrealistas; há uma negrura secreta do branco, uma brancura secreta do negro, um pestanejamento paralisado de ser e não-ser que em parte alguma, talvez, se traduziu tão felizmente quanto neste poema de Césaire:

Minha imensa estátua ferida uma pedra na fronte
minha carne de dia inerme arrepiada sem minha imensa
carne de noite arrepiada de dia.

O poeta irá ainda mais longe; escreve ele:

Nossas faces belas como o verdadeiro poder
[operatório da negação.

Atrás dessa eloquência abstrata que lembra Lautréamont percebe-se o esforço mais ousado e mais sutil para dar sentido à pele negra e realizar a síntese poética das duas faces da noite. Quando David Diop diz do negro que ele é "preto como a miséria", apresenta-o como pura privação de luz. Mas Césaire desenvolve e aprofunda essa imagem: a noite não é mais ausência, é recusa. O negro não é uma cor, mas a destruição dessa clareza de empréstimo que cai do sol branco. O revolucionário negro é negação porque ele se quer puro desnudamento: para construir sua verdade, deve arruinar primeiro a dos outros. Os semblantes negros, essas manchas de noite que obsidiam nossos dias, encarnam o obscuro trabalho da negatividade que rói pacientemente os conceitos. Assim, por um retorno que lembra curiosamente o do negro humilhado, insultado, quando ele se reivindica como "negro imundo", é o aspecto privativo das trevas que funda seu valor. A liberdade é cor da noite.

Destruição, auto de fé da linguagem, simbolismo mágico, ambivalência dos conceitos, toda a poesia moderna está aí, sob o seu aspecto negativo. Mas não se trata de um jogo gratuito. A situação do negro, sua "dilaceração" original, a alienação que um pensamento estrangeiro lhe impõe sob o nome de assimilação obrigam-no a reconquistar sua unidade existencial de negro ou, caso se prefira, a pureza original de seu projeto, por uma ascese progressiva para além do universo do discurso. A negritude, como a liberdade, é ponto inicial e termo final: trata-se de passá-la do imediato ao mediato, de tematizá-la. Portanto, no tocante ao negro trata-se de morrer para a cultura branca a fim de renascer para a alma negra, assim como o filósofo platônico morre para o seu corpo com o fito de renascer para a verdade. Tal retorno dialético e místico às origens implica necessariamente um método. Mas este não se apresenta como um feixe de regras para a direção do espírito. Constitui uma unidade com quem o aplica; é a lei dialética das transformações sucessivas que hão de conduzir o negro à coincidência consigo mesmo na negritude. Não se trata para ele de conhecer, nem de se arrancar a si próprio no êxtase, porém, ao mesmo tempo, de descobrir e tornar-se aquilo que ele é.

Duas vias convergentes dão acesso a essa simplicidade original de existência: uma objetiva e outra subjetiva. Os poetas de nossa antologia empregam ora uma, ora outra, e às vezes ambas em conjunto. Existe, de fato, uma negritude objetiva que se expressa por intermédio de: costumes, artes, cantos e danças das populações africanas. O poeta prescreverá a si mesmo como exercício espiritual o fascinar-se pelos ritmos primitivos, o colorir seu pensamento nas formas tradicionais da poesia negra. Muitos poemas coletados se chamam tantãs, porque tomam aos tamborileiros noturnos um ritmo de percussão ora seco e regular, ora torrencial e saltante. O ato poético é então uma dança da alma; o poeta rodopia qual um dervixe até o desfalecimento, instala em si o tempo de seus antepassados; sente-o escoar com seus saltos singulares; espera reencontrar-se nesse escoamento rítmico; eu diria que tenta deixar-se possuir pela negritude de seu povo; espera que os ecos de seu tantã venham despertar os instintos imemoriais que dormem em seu âmago. Ter-se-á a impressão, folheando esta coletânea, que o tanta tende a tornar-se um gênero da poesia negra, como o soneto ou a ode o foram da nossa. Outros inspiram-se, como [Jacques] Rabemananjara, em proclamações reais, ou beberam na fonte popular dos *hentenis*. O centro calmo desse *maelström* de ritmos, de cânticos, de gritos, é a poesia de Birago Diop, em sua ingênua majestade: é a única em repouso porque emana diretamente dos relatos de griôs[7] e da tradição oral. Quase todas as tentativas apresentam algo de crispado, tenso e desesperado porque visam a alcançar a poesia folclórica por mais que dela não emanem. Todavia, por afastado que esteja "do negro país onde dormem os ancestrais", o negro está mais próximo do que nós da grande época em que, como diz Mallarmé, "a palavra cria os deuses". É quase impossível aos nossos poetas renovar contato com as tradições populares: dez séculos de poesia erudita separam-nos e, além disso, a inspiração popular estancou: no máximo poderíamos imitar por fora a sua simplicidade. Os negros da África, ao contrário, atravessam ainda o grande período da fecundidade mítica e os poetas negros de língua francesa não se divertem com esses mitos como nós o fazemos com nossas canções: deixam-se enfeitiçar por eles, de modo que ao termo da encantação surja, magnificamente evocada, a negritude. Por isso, chamo magia ou encanto esse método de "poesia objetiva".

Césaire escolheu, ao invés, voltar para dentro de si a recuos. Posto que essa Eurídice se dissipará como

7 Espécie de feiticeiro africano. (N. da T.)

fumaça se o Orfeu negro se volver para ela, descerá a estrada real de sua alma como dorso virado para o fundo da gruta, descerá abaixo das palavras e das significações – "para pensar em ti depus todas as palavras no montepio" – abaixo das condutas cotidianas e do plano da "repetição", abaixo mesmo dos primeiros recifes da revolta, com as costas voltadas, os olhos fechados, para tocar enfim com os pés nus a água negra dos sonhos e do desejo e deixar-se afogar em seu bojo. Então o desejo e o sonho levantar-se-ão como o bramido da pororoca, farão dançar as palavras como destroços, arremessando-as em confusão, despedaçadas, à margem.

> As palavras se ultrapassam, é realmente em direção a um céu e a uma terra que o alto e o baixo não permitem desviar, acabou-se também a velha geografia [...] Ao contrário, uma escala curiosamente respirável opera-se real, mas ao nível. Ao Nível gasoso do organismo sólido e líquido, branco e preto, dia e noite.

Reconhecemos o velho método surrealista (pois a escrita automática, como o misticismo, é um método: supõe um aprendizado, exercícios, uma aplicação). É preciso mergulhar sob a crosta superficial da realidade, do senso comum, da razão raciocinante para tocar o fundo d'alma e despertar as potências imemoriais do desejo. Do desejo que faz do homem uma recusa de tudo e um amor a tudo; do desejo, negação radical das leis naturais e do possível apelo ao milagre; do desejo que por sua louca energia cósmica de novo mergulha o homem no seio fervente da natureza e ao mesmo tempo o eleva acima da natureza pela afirmação de seu direito à insatisfação. Aliás, Césaire não é o primeiro negro a trilhar esse caminho. Anteriormente, já Étienne Léro fundara o *Legitime Défense*.

> Mais do que uma revista, diz Senghor, *Legitime Défense* constituiu um movimento cultural. Partindo da análise marxista da sociedade das "ilhas", descobria no antilhense o descendente de escravos negro-africanos mantidos, durante três séculos, na embrutecedora condição do proletário. Afirmava que unicamente o surrealismo poderia livrá-lo de seus tabus e expressá-lo na sua integridade.

Mais precisamente, se compararmos Léro e Césaire, o que impressiona são suas dessemelhanças e o cotejo nos permitirá talvez, medir o abismo que separa o surrealismo branco de sua utilização por um negro revolucionário. Léro foi o pioneiro, ocorreu-lhe explorar o surrealismo como "arma miraculosa" e instrumento de pesquisa, uma espécie de radar que se expede de encontro às profundezas abissais. Mas seus poemas são deveres de aluno, permanecem estritas imitações: não se "ultrapassam", ao contrário, se encerram em si mesmos:

> As cabeleiras antigas
> Colam nos ramos o fundo dos mares vazios
> Onde teu corpo é apenas recordação
> Onde a primavera faz as unhas
> A hélice de teu sorriso lançado ao longe
> Sobre as casas que não pretendemos [...].

"A hélice de teu sorriso", "a primavera faz as unhas": reconhecemos na passagem a preciosidade e a gratuidade da imagem surrealista, o eterno processo que consiste em lançar uma ponte entre os dois termos mais distantes esperando, sem muita fé, que esse "lance de dados" libertará um aspecto oculto do ser. Nem nesse poema nem nos outros vejo Léro reivindicar a libertação do negro: no máximo reclama a libertação formal da imaginação; nesse jogo inteiramente abstrato, nenhuma aliança de palavras evoca, mesmo de longe, a África. Retire-se esses poemas da antologia, esconda-se o nome dos autores, desafio a quem quer que seja, negro ou branco, a não atribuí-los a um colaborador europeu da *Révolution Surréaliste* ou de *Minotaure*. Pois o propósito do surrealismo é reencontrar, para além das raças e das condições, para além das classes, atrás do incêndio da linguagem, ofuscantes trevas silenciosas que não mais se opõem a nada, nem mesmo ao dia, porque o dia e a noite e todos os contrários vêm fundir-se e abolir-se nelas; assim, caberia falar de uma impassibilidade e uma impessoalidade do Parnaso.

Um poema de Césaire, ao invés, estoura e gira sobre si mesmo como um foguete, desprendendo sóis que, por sua vez, giram e explodem em novos sóis, é um perpétuo ultrapassamento. Não se trata de unir-se à calma unidade dos contrários, mas de entesar, como um sexo, um dos contrários do par "negro-branco" na sua oposição ao outro. A densidade dessas palavras, lançadas ao ar como pedras de um vulcão, é a negritude que se define contra a Europa e a colonização. Césaire não destrói toda a cultura, mas a cultura branca; traz à luz, não o desejo de tudo, mas as aspirações revolucionárias do negro oprimido; toca no fundo de si mesmo não o espírito, mas certa forma de humanidade concreta e determinada. De pronto pode-se falar, no caso, de escrita automática empenhada e mesmo dirigida, não que haja intervenção da reflexão, mas porque as palavras e as imagens traduzem perpetuamente a mesma obsessão tórrida. No fundo de si mesmo, o surrealista branco encontra a *descontração*; no fundo de si mesmo, Césaire encontra a inflexibilidade fixa da reivindicação e do ressentimento. As palavras de Léro organizam-se molemente, em descompressão, por afrouxamento dos laços lógicos, em torno de temas amplos e vagos; as palavras de Césaire apertam-se umas contra as outras e são cimentadas por sua furiosa paixão. Entre as comparações mais temerárias, entre os termos mais distanciados, corre um fio secreto de ódio e esperança. Compare-se, por exemplo, "a hélice de teu sorriso lançado ao longe", que é um produto do livre jogo da imaginação e um convite ao devaneio, com

> e as minas de radium enfurnadas no abissal de
> minhas inocências
> hão de saltar em grãos
> no comedouro dos pássaros
> e o estéreo de estrelas
> será o nome vulgar da lenha
> recolhida nas aluviões das veias menestréis da noite

em que os *disjecta membra* [fragmentos dispersos] do vocabulário organizam-se para sugerir uma "arte poética" negra.

Ou que leiamos:

> Nossas faces belas como o verdadeiro poder operatório da negação [...].

E leia-se também:

> Os mares piolhentos de ilhas estalando sob os dedos dos róseos lança-chamas e meu corpo intacto de fulminado.

Eis a apoteose dos piolhos da miséria negra saltando por entre os cabelos da água, "ilhas" na corrente da luz, estalando sob os dedos da despiolhadora celeste, a aurora de dedos róseos, aurora da cultura grega e mediterrânica, raptada por um ladrão negro aos sacrossantos poemas homéricos, e cujas unhas de princesa em cativeiro são de súbito forçadas por Toussaint Louverture a estalar os triunfantes parasitas do mar negro, a aurora que de repente se revolta e se metamorfoseia, verte o fogo como a arma selvagem dos brancos, e lança-chamas, arma de eruditos, arma de carrascos, fulmina com seu fogo branco o grande Titã negro que se levanta, intacto, eterno, para lançar-se ao assalto da Europa e do céu. Com Césaire, a grande tradição surrealista se arremata, assume seu senso definitivo e se destrói: o surrealismo, movimento poético europeu, é tomado aos europeus por um negro que o volta contra eles e lhe consigna uma função rigorosamente definida. Assinalei alhures como o proletariado inteiro se fechava a essa poesia destruidora da razão: na Europa, o surrealismo, rejeitado pelos que poderiam transfundir-lhe seu sangue, enlanguesce e se estiola. Mas no próprio momento em que perde contato com a revolução, eis que nas Antilhas enxertam-no em outro ramo da revolução universal, eis que desabrocha numa flor enorme e sombria. A originalidade de Césaire é a de ter vazado sua preocupação estreita e poderosa de negro, de oprimido e de militante no mundo da poesia mais destrutiva, mais livre e mais metafísica, no momento em que Éluard e Aragon malogravam na tentativa de infundir um conteúdo político a seus versos. E finalmente o que se liberta de Césaire qual um grito de dor, de amor e de ódio, é a negritude-objeto. Ainda aqui continua a tradição surrealista que pretende que o poema *objetive*. As palavras de Césaire não descrevem a negritude, não a designam, não a copiam por fora como um pintor procede com seu modelo: fazem-na; compõem-na sob os nossos olhos: doravante é uma coisa que podemos observar, aprender; o método subjetivo que escolheu alcança o método objetivo a que nos referimos acima: expulsa a alma negra para fora de si no momento em que outros intentam interiorizá-la; o resultado final é o mesmo nos dois casos. A negritude é o tantã longínquo nas ruas noturnas de Dacar, são os gritos vodus que saem de um respiradouro haitiano e deslizam pelo chão, é essa máscara conguesa, mas também esse poema de Césaire empastado, sangrento, cheio de baba, que se torce na poeira qual um verme seccionado. Esse duplo espasmo de absorção e excreção marca o ritmo do coração negro em todas as páginas da coletânea.

Mas hoje o que é essa negritude, preocupação única desses poetas, assunto único deste livro? Cumpre responder primeiro que um branco não poderia falar convenientemente a respeito dela, pois que não possui experiência sobre o interior dela e nos idiomas europeus faltam palavras capazes de descrevê-la. Eu deveria, pois, deixar que o leitor a encontrasse no curso destas páginas e fizesse dela a ideia que lhe parecesse melhor. Mas seria incompleta esta introdução se, após indicar que a busca do Graal negro expressava, em sua intenção original e em seus métodos, a mais autêntica síntese das aspirações revolucionárias e da preocupação poética, eu não expusesse que essa noção complexa é, no cerne, poesia pura. Limitar-me-ei portanto, a examinar esses poemas objetivamente como um feixe de testemunhas, e a recensear alguns de seus temas principais, "o que constitui", diz Senghor, "a negritude de um poema, é menos o tema do que o estilo, o calor emocional que dá vida às palavras, que transmuta a palavra em verbo". Nada melhor para nos prevenir que a negritude não é um estado, nem um conjunto definido de vícios e virtudes, de qualidades intelectuais e morais, porém certa atitude afetiva com respeito ao mundo. A psicologia renunciou às suas grandes distinções escolásticas desde o começo do século. Não acreditamos mais que os fatos da alma se dividam em volições ou ações, em conhecimentos e percepções e em sentimentos ou passividades cegas. Sabemos que um sentimento é uma maneira definida de viver nossa relação com o mundo circundante e que envolve certa compreensão desse universo. É uma tensão da alma, uma escolha de si próprio e de outrem, uma forma de ultrapassar os dados brutos da experiência, em suma, um projeto como o ato voluntário. A negritude, para empregar a linguagem heideggeriana, é o ser-no-mundo do negro.

Eis, aliás, o que nos diz a esse respeito Césaire:

> Minha negritude não é uma pedra, surdez que é
> [lançada contra o clamor do dia,
> Minha negritude não é uma catarata de água morta sobre
> o olho morto da terra
> minha negritude não é nem torre nem catedral
> ela mergulha na carne rubra do solo
> ela mergulha na ardente carne do céu
> ela jura o opaco desânimo com sua precisa paciência.

Nesses belos versos, a negritude é pintada como um ato, muito mais do que uma disposição. Mas esse ato é uma determinação interior: não se trata de tomar nas mãos e transformar os bens do mundo, mas de existir no meio do mundo. A relação com o universo permanece uma apropriação. Porém tal apropriação não é técnica. Para o branco, possuir é transformar. O operário branco, sem dúvida, trabalha com instrumentos que não são seus. Mas ao menos suas técnicas lhe pertencem: se é verdade que as principais invenções da indústria europeia se devem a um pessoal recrutado sobretudo nas classes médias, ao menos o ofício do carpinteiro, do marceneiro, do torneiro se lhes afigura como um verdadeiro patrimônio, embora a orientação da grande produção capitalista tenda a despojá-los também de sua "alegria do trabalho". Mas, no tocante ao operário negro, não basta dizer que trabalha com instrumentos que lhe emprestam; são-lhe também emprestadas as técnicas.

Césaire chama seus irmãos negros:

> Aqueles que não inventaram nem a pólvora nem a bússola, aqueles que jamais souberam domar nem o vapor nem a eletricidade, aqueles que não exploraram nem os mares nem o céu [...].

Esta altiva reivindicação da não tecnicidade inverte a situação: torna-se fonte positiva de riqueza o que poderia passar por uma falta. A relação técnica com a natureza a revela como quantidade pura, inércia, exterioridade: ela morre. Por sua altiva recusa de ser *Homo faber*, o negro lhe dá vida. Como se, no par "homem-natureza", a passividade de um dos termos acarretasse necessariamente a atividade do outro. A bem dizer, a negritude não é uma passividade, visto que "fura a carne do céu e da terra": é uma "paciência" e a paciência aparece como uma imitação ativa da passividade. A ação do negro é antes de tudo ação sobre si. O preto se levanta e se imobiliza qual um encantador de pássaros e as coisas vêm empoleirar-se nos galhos dessa falsa árvore. Trata-se na verdade de uma captação do mundo, mas mágica, pelo silêncio e pelo repouso: agindo primeiramente sobre a natureza, o branco se perde perdê-la; agindo primeiramente sobre si, o negro pretende conquistar a natureza ao conquistá-la.

> Eles entregam-se, rendidos, à essência de cada coisa
> ignorantes das superfícies mas rendidos ao movimento
> [de cada coisa
> indiferentes se perdem, mas jogando o jogo do mundo
> verdadeiramente os primogênitos do mundo

> porosos a todos os ventos do mundo [...]
> carne da carne do mundo palpitante do próprio
> [movimento do mundo.

Não podemos impedir-nos, a esta leitura, de pensar na famosa distinção que Bergson estabeleceu entre a inteligência e a intuição. E justamente Césaire nos chama de:

> Vencedores oniscientes e ingênuos.

Do utensílio, o branco sabe tudo. Mas o utensílio arranha a superfície das coisas, ignora a duração, a vida. A negritude, ao invés, é uma compreensão por simpatia. O segredo do negro é que as fontes de sua existência e as raízes do ser são idênticas.

Caso se deseje uma interpretação social dessa metafísica, alguém dirá que uma poesia de agricultores se opõe aqui a uma prosa de engenheiros. Não é verdade, com efeito, que o negro não disponha de nenhuma técnica: a relação de um grupo humano, qualquer que seja, com o mundo exterior é sempre técnica, de uma ou de outra maneira. E, inversamente, eu diria que Césaire é injusto: o avião de Saint-Exupéry que franze a terra como um tapete debaixo dele é um órgão de revelação. Todavia, o negro é antes de tudo camponês; a técnica agrícola é "precisa paciência"; confia na vida; espera. Plantar é engravidar a terra; depois cumpre ficar imóvel, espiar: "cada átomo de silêncio é a possibilidade de um fruto maduro", cada instante traz cem vezes mais que o cultivador deu, ao passo que o operário só encontra no produto manufaturado aquilo que ele pôs[8]; o homem cresce ao mesmo tempo que seus cereais; de minuto em minuto se ultrapassa e se doura; à espreita desse ventre frágil que se infla, intervém apenas para protegê-lo. O trigo maduro é um microcosmo porque, para crescer, necessitou do auxílio do sol, das chuvas e do vento; uma espiga é ao mesmo tempo a coisa mais natural e a probabilidade mais improvável. As técnicas contaminaram o camponês branco, mas o negro continua sendo o grande macho da terra, o esperma do mundo. Sua existência é a grande paciência vegetal; seu labor é a repetição de ano em ano do coito sagrado. Criador, é nutrido porque cria. Lavrar, plantar, comer, é fazer o amor com a natureza. De início, o panteísmo sexual desses poetas é sem dúvida o que mais impressiona: por aí é que chegam às danças e aos ritos fálicos dos negro-africanos.

> Oho! Congo deitado em teu leito de florestas, rainha
> [sobre a África domada
> Que os falos dos montes ergam alto teu pavilhão
> Porque tu és mulher por minha cabeça por minha
> [língua, porque tu és mulher por meu ventre,

escreve Senghor. E:

> ou remontarei o suave ventre das dunas e as rutilantes ancas do dia...

8 É nesse sentido que a ideia crítica (kantiana) expressa o ponto de vista do técnico *não proletário*. O sujeito encontra nas coisas aquilo que pôs. Mas nela ele nada põe, exceto *em espírito*; trata-se de operações do entendimento. O erudito e o engenheiro são kantianos.

e Rabéarivelo:

> o sangue da terra, o suor da pedra e o esperma do vento

e Laleau:

> Aquém do céu o tambor cônico se lamenta
> E é a própria alma do negro
> Espasmos densos de homem em cio, viscosos soluços d'amante
> Ultrajando a calma da noite.

Estamos, pois, bem longe da intuição casta e assexuada de Bergson. Já não se trata de estar em simpatia com a vida, mas em amor com todas as suas formas. Para o técnico branco, deus é primeiramente engenheiro. Júpiter ordena o caos e lhe prescreve leis; o deus cristão concebe o mundo pelo entendimento e o realiza pela vontade: a relação da criatura com o Criador nunca é carnal, salvo para alguns místicos que a Igreja olha com grande suspeita. Ainda assim o erotismo místico nada tem em comum com a fecundidade: é a espera inteiramente passiva de uma penetração estéril. Somos modelados em barro: estatuetas modeladas pelas mãos do divino escultor. Se os objetos manufaturados que nos cercam pudessem render culto a seus criadores, adorar-nos-iam fora de qualquer dúvida, como nós adoramos o todo-poderoso. Para os nossos poetas negros, ao contrário, o ser sai do nada como um pênis que se ergue; a criação é um enorme e perpétuo parto: o mundo é carne e filho da carne; sobre o mar e no céu, sobre as dunas, sobre as pedras, no vento, o negro reencontra o aveludado da pele humana; ele se acaricia no ventre da areia, nas coxas do céu: é "carne da carne do mundo"; é "poroso a todos os seus ventos", a todos os seus pólens; é alternadamente a fêmea da natureza e seu macho; e quando pratica o amor com uma mulher de sua raça, o ato sexual afigura-lhe a celebração do mistério do ser. Essa religião espermática é como uma tensão da alma equilibrando duas tendências complementares: o sentimento dinâmico de ser um falo que se ergue e outro mais surdo, mais paciente, mais feminino, de ser uma planta que cresce. Assim a negritude, em sua fonte mais profunda, é uma androginia:

> Eis-te
> erguido e nu
> barro tu és e disso te lembras
> mas na realidade és o filho desta sombra parturiente
> que se alimenta de latogênio lunar
> depois lentamente ganhas a forma de uma coluna
> sobre este muro raso alcançado pelos sonhos das flores
> e o perfume derradeiro do verão.
> Sentir, crer que raízes te crescem aos pés
> e correm e se contorcem como serpentes sequiosas
> para alguma fonte subterrânea...
> [RABEARIVELO]

E Césaire:

> Mãe muito gasta, mãe sem folhas, és um *flamboyant* e nada mais possuis do que vagens [...] És um cabeceiro e nada mais és do que um aglomerado de cabaças [...].

Essa profunda unidade dos símbolos vegetais e dos símbolos sexuais constitui certamente a maior originalidade da poesia negra, sobretudo numa época em que, como o demonstrou Michel Carrouges, a maioria das imagens dos poetas brancos tende à mineralização do humano. Césaire, ao contrário, vegetaliza, animaliza o mar, o céu e as pedras. Mais exatamente, sua poesia é um acasalamento perpétuo de mulheres e homens metamorfoseados em animais, em vegetais, em pedras, com pedras, plantas e animais metamorfoseados em homens. Assim o negro comprova o Eros natural; ele o manifesta e o encarna; caso se pretenda encontrar um termo de comparação na poesia europeia, seria mister remontar a Lucrécio, poeta camponês que celebrava Vênus, a deusa-mãe, no tempo em que Roma era pouco mais do que um grande mercado agrícola. Em nossos dias, não vejo ninguém, exceto Lawrence, dotado de um sentimento cósmico da sexualidade. E ainda nele tal sentimento permanece muito literário.

Mas, embora a negritude pareça, em seu íntimo, esse jorro imóvel, unidade de ereção fálica e do crescimento vegetal, não se poderia esgotá-la com apenas esse tema poético. Há outro motivo que flui como uma grande artéria através dessa coletânea:

> Aqueles que não inventaram a pólvora nem a bússola [...] conhecem em seus menores recônditos o país do sofrimento [...].

À absurda agitação utilitária do branco, o negro opõe a autenticidade recolhida de seu sofrimento; por ter desfrutado o horrível privilégio de tocar no fundo da desgraça, a raça negra é uma raça eleita. E, ainda que esses poemas sejam de ponta a ponta anticristãos, pode-se, sob esse ângulo, chamar a negritude uma paixão: o negro consciente de si representa-se a seus próprios olhos como o homem que assumiu toda a dor humana e sofre por todos, mesmo pelo branco:

> O pistão d'Armstrong será no dia do Juízo o intérprete dos sofrimentos do homem.
> [PAUL NIGER]

Notamos desde já que não se trata de modo algum de uma dor de resignação. Eu me referi há pouco a Bergson e a Lucrécio, agora eu estaria tentado a citar este grande adversário do cristianismo: Nietzsche e seu "dionisismo". Como o poeta dionisíaco, o negro intenta penetrar sob os fantasmas brilhantes do dia e descobre, a milhares de pés sob a superfície apolínea, o sofrimento inexpiável que é a essência universal do homem. Caso se quisesse sistematizar, alguém diria que o negro, enquanto simpatia sexual pela vida, se funde na natureza inteira e que, enquanto paixão de dor revoltada, se reivindica como homem. Sentiremos a unidade fundamental desse duplo movimento caso reflitamos sobre a relação cada vez mais estreita que os psiquiatras estabelecem entre a angústia e o desejo sexual. Verifica-se apenas um único orgulhoso surgimento, o qual podemos chamar também um desejo que enterra suas raízes no sofrimento ou um sofrimento que se cravou como uma espada num vasto desejo cósmico. A "precisa paciência" a que alude Césaire é, no mesmo jorro, crescimento vegetal e paciência contra a dor, reside nos próprios músculos do negro; sustenta o carregador negro que sobe o Niger por mil quilômetros, castigado pelo sol, com uma carga de vinte e cinco quilos em equilíbrio sobre a cabeça. Mas se, em certo sentido, cabe assimilar a fecundidade da Natureza a uma proliferação de dores, em outro – e esse também é dionisíaco – tal fecundidade, por sua exuberância, ultrapassa a dor, afogando-a em sua abundância criadora que é poesia, amor e dança. Talvez seja preciso, para compreender essa unidade indissolúvel do sofrimento, do eros e do júbilo, ter visto os pretos do Harlem dançar freneticamente ao ritmo dos *blues* que são as árias mais dolorosas do mundo. Com efeito, é o ritmo que cimenta esses múltiplos aspectos da alma negra, é ele que comunica sua leveza nietzschiana a essas pesadas intuições dionisíacas, é o ritmo-tantã, *jazz*, salto desse poema – que figura a temporalidade da existência negra. E quando um poeta negro profetiza a seus irmãos um futuro melhor, é sob a forma de um ritmo que lhes pinta a sua libertação:

> O quê?
> Um ritmo
> onda pela noite através das florestas, nada – ou uma
> [nova alma
> um timbre
> uma entonação
> vigor
> dilatação

vibração em escala, defluída da garganta, em sua
[marcha revulsa
um velho corpo adormecido, toma-lhe a cintura
serpenteando-a,
e volteia
e vibra ainda nas mãos, nos quadris, no sexo,
nas coxas e na vagina...

Mas é preciso ir ainda mais longe: essa experiência fundamental do sofrimento é ambígua; por seu intermédio é que a consciência negra irá tornar-se histórica. Com efeito, qualquer que seja a intolerável iniquidade da sua situação presente, não é a ela que o negro se refere em primeiro lugar quando proclama que tocou o fundo da dor humana. Goza do horrível benefício de haver conhecido a servidão. Nesses poetas, dos quais a maioria nasceu entre 1900 e 1918, a escravidão, abolida meio século antes, permanece como a mais viva das lembranças:

Meu presente crava em meu passado
grandes olhos que reviram de rancor de
vergonha
Seja ainda minha imbecilidade de outrora
golpes de corda nodosa corpos calcinados
pés sobre o dorso calcinado
carne morta tições de ferro ao rubro braços
quebrados sob o chicote que se desencadeia [...].

escreve Damas, poeta da Guiana. E Brierre, o haitiano:

> Muitas vezes como eu sentes que despertam
> Cansaços após séculos assassinos
> A sangrarem na tua carne as antigas feridas [...].

Foi durante os séculos da escravidão que o negro esvaziou o cálice da amargura até a borra; e a escravidão é um fato passado que os nossos autores ou seus pais não conheceram diretamente. Mas é também um imenso pesadelo do qual os mais jovens dentre eles não sabem se já despertaram de todo[9]. De um extremo a outro da terra, os negros, separados pelas línguas, pela política e pela história de seus colonizadores, têm em comum uma memória coletiva. Isso não deve espantar, quando se sabe que os camponeses franceses, em 1789, ainda conheciam terrores pânicos cuja origem remontava à Guerra dos Cem Anos. Assim, quando o negro se volta sobre sua experiência fundamental, esta se revela de pronto em duas dimensões: é ao mesmo tempo a apreensão intuitiva da condição humana e a memória ainda fresca de um passado histórico. Penso aqui em Pascal que, incansavelmente, repetiu que o homem era um composto irracional de metafísica e história, inexplicável na sua grandeza se provém do barro, na sua miséria se ainda é tal como Deus o fez, e que se devia recorrer para compreendê-lo ao fato irredutível da queda. É no mesmo sentido que Césaire chama sua raça a "raça caída". E em certo sentido me parece clara a aproximação que se pode fazer entre a consciência

9 Aliás, qual é a condição atual do negro em Camarões, na Costa do Marfim se não de escravidão, no sentido mais rigoroso do termo?

negra e a consciência cristã: a lei de bronze da escravidão lembra a do *Antigo Testamento*, que relata as consequências do pecado. A abolição da escravatura lembra este outro fato histórico: a Redenção. O paternalismo adocicado do homem branco após 1848 e o do deus branco após a Paixão assemelham-se. Todavia, a falta inexpiável que o negro descobre no fundo de sua memória não é a sua própria, mas a do branco; o primeiro fato da história negra é na verdade um pecado original: mas o negro é sua vítima inocente. Por isso, sua concepção do sofrimento se opõe radicalmente ao dolorismo branco. Se esses poemas são, na maioria, tão violentamente anticristãos, é que a religião dos brancos surge aos olhos do negro, mais claramente do que aos do proletariado europeu, como uma mistificação: quer impingir-lhe a responsabilidade de um crime de que ele é vítima; quer persuadi-lo de que os raptos, os morticínios, as violentações e as torturas que ensanguentaram a África constituem castigo legítimo, provações merecidas. Afirmarão que ela proclama, em troca, a igualdade de todos os homens perante deus? Perante deus, sim. Ainda recentemente eu lia no *Esprit* estas linhas de um correspondente de Madagascar: “Estou convencido como vós que a alma de um malgaxe vale a alma de um branco... Exatamente como a alma de uma criança diante de deus vale a alma de seu pai. Contudo, Senhor Diretor, não deixais que vosso automóvel, se tendes um, seja conduzido por vossas crianças.”

Não se pode conciliar mais elegantemente o cristianismo e o colonialismo. Contra tais sofismas, o negro, pelo simples aprofundamento de sua memória de antigo escravo, afirma que a dor é o quinhão dos homens e nem por isso é menos desmerecida. Repele com horror o marasmo cristão, a volúpia lúgubre, a humildade masoquista e todos os convites tendenciosos à resignação; vive o fato absurdo do sofrimento em sua pureza, em sua injustiça e na sua gratuidade e descobre nele esta verdade desconhecida ou mascarada pelo cristianismo: o sofrimento comporta em si mesmo a sua própria recusa; é por essência recusa de sofrer, é a face obscura da negatividade, ele se abre para a revolta e para a liberdade. De pronto, o negro se historiciza na medida em que a intuição do sofrimento lhe confere um passado coletivo e lhe atribui um objetivo no futuro. Há pouco ainda era puro surgimento no presente de instintos imemoriais, pura manifestação da fecundidade universal e eterna. Eis que interpela a seus irmãos de cor numa linguagem totalmente diversa:

> Negro mascate de revolta
> tu conheces os caminhos do mundo
> desde que foste vendido na Guiné...

e

> Cinco séculos vos contemplaram com as armas na mão
> e haveis ensinado às raças exploradoras
> a paixão de liberdade.

Já existe uma gesta negra: primeiro a idade de ouro da África, depois a era da dispersão e do cativeiro, em seguida o despertar da consciência, os tempos heroicos e sombrios das grandes revoltas, de Toussaint Louverture e dos heróis negros, depois a abolição da escravatura – "inesquecível metamorfose", diz Césaire – depois a luta pela libertação definitiva.

> Aguardas o próximo chamado
> a inevitável mobilização
> porque tua guerra só conheceu tréguas
> porque não existe terra onde não tenha corrido teu sangue
> língua em que tua cor não tenha sido insultada
>
> Sorris, Black Boy
> cantas,
> danças,
> embala as gerações
> que em todas as horas partem
> para as frentes do trabalho e do tormento
> que vão lançar-se amanhã ao assalto das bastilhas
> rumo aos bastiões do futuro
> para escrever em todas as línguas
> nas claras páginas de todos os céus
> a declaração de teus direitos menosprezados
> há mais de cinco séculos...

Estranha e decisiva viragem: a raça transmutou-se em historicidade, o presente negro explode e se temporaliza, a negritude insere-se com seu passado e seu porvir na história universal, não é mais um estado nem sequer uma atitude existencial, é um devir; a contribuição do negro para a evolução da humanidade, já não é um sabor, um gosto, um ritmo, uma autenticidade, um ramalhete de instintos primitivos: é uma empreitada com data, uma paciente construção, um futuro. É em nome das qualidades étnicas que o negro, há pouco, reivindicava seu lugar ao sol; hoje, é em sua missão que ele baseia seu direito à vida; e essa missão, como a do proletariado, lhe vem de sua situação histórica: por ter sofrido, mais do que qualquer outro, a exploração capitalista, adquiriu, mais do que todos os outros, o sentido da revolta e o amor à liberdade. E, por ser o mais oprimido, persegue necessariamente a libertação de todos, enquanto trabalha por sua própria libertação:

> Negro mensageiro de esperança
> conheces todos os cânticos do mundo
> desde os cantados nos imemoráveis estaleiros do Nilo.

Mas podemos ainda, depois disso, crer na homogeneidade interior na Negritude? E como dizer o que ela é? Ora é uma inocência perdida que só teve existência num passado remoto, ora uma esperança que só se realizará no seio da cidade futura. Ora se contrai num instante de fusão panteísta com a natureza, ora se expande até coincidir com a história inteira da humanidade; ora é uma atitude existencial e ora o conjunto objetivo das tradições negro-africanas. Será descoberta? Será criação? Afinal, há negros que "colaboram"; afinal, Senghor, nas notas que antepõe às obras de cada poeta, parece distinguir graus na negritude. Quem se fez o anunciador desta magnitude junto a seus irmãos de cor convida-os a se tornarem cada vez mais negros, ou então, por uma espécie de psicanálise poética, desvenda-lhes o que são? Será ela necessidade ou liberdade? Tratar-se-á, para o negro autêntico, de que seus modos de conduta decorram de sua essência como as consequências decorrem de um princípio, ou então será ele negro como o fiel de uma religião é crente, ou seja, no receio e no tremor, na angústia, no perpétuo remorso de jamais ser suficientemente aquilo que gostaria de ser. Será um dado de fato ou um valor? O objeto de uma intuição empírica ou de um conceito moral? Será a negritude uma conquista da reflexão? Ou será que a reflexão a envenena? Que ela nunca é autêntica exceto no irrefletido e no imediato? Será uma explicação sistemática da alma negra ou um arquétipo platônico de que é possível se aproximar indefinidamente sem nunca atingi-lo? Será ela para os negros, como para o nosso bom senso de engenheiros, a melhor coisa do mundo compartilhada? Ou descerá sobre alguns como uma graça e escolherá seus eleitos? Sem dúvida irão responder que a negritude é tudo isto ao mesmo tempo e muitas outras coisas. Estou de acordo: como todas as noções antropológicas, a negritude é um reflexo de ser e de dever-ser; ela nos constitui e nós a constituímos: juramento e paixão, ao mesmo tempo. Mas há algo mais grave: o negro, afirmamos, cria para si um racismo antirracista. Não aspira de modo algum a dominar o mundo: quer a abolição dos privilégios étnicos, venham de onde vierem; afirma sua solidariedade com os oprimidos de todas as cores. De pronto, a noção subjetiva, existencial, étnica de negritude "passa", como diz

Hegel, àquela – objetiva, positiva, exata – de proletariado. "Para Césaire", declara Senghor, "o 'branco' simboliza o capital como o negro, o trabalho... Por meio dos homens de pele negra de sua raça, ele canta a luta do proletariado mundial." É fácil dizer e menos fácil pensar. E, sem dúvida, não é por acaso que os bardos mais ardentes da negritude são ao mesmo tempo militantes marxistas. Isto não impede, todavia, que a noção de raça não torne a cruzar-se com a de classe: aquela é concreta e particular, esta universal e abstrata; uma depende do que Jaspers chama compreensão e a outra de intelecção; a primeira é produto de um sincretismo psicobiológico e a outra, uma construção metódica a partir da experiência. Na realidade, a Negritude aparece como o tempo fraco de uma progressão dialética: a afirmação teórica e prática da supremacia do branco constitui a tese; a posição da negritude como valor antitético é o momento da negatividade. Mas esse momento negativo não possui autossuficiência e os negros que o usam o sabem muito bem; sabem que visa preparar a síntese ou a realização do humano numa sociedade sem raças. Assim a negritude é para se destruir, é passagem e não término, meio e não fim último. No momento em que os Orfeus negros abraçam mais estreitamente esta Eurídice, sentem que ela se desvanece entre seus braços. É um poema de Jacques Roumain, comunista negro, que fornece sobre essa nova ambiguidade a mais comovedora testemunha:

> África guardei tua memória África
> tu estás em mim

Como o espinho na ferida
como um fetiche tutelar no centro da aldeia
faz de mim a pedra de tua funda
de minha boca os lábios de tua chaga
de meus joelhos as colunas quebradas de tua queda
e no entanto
quero ser apenas de vossa raça
operários camponeses de todos os países.

Com que tristeza retém ainda por um momento aquilo que decidiu abandonar! Com que orgulho de homem irá desnudar aos outros homens seu orgulho de negro! Quem diz que a África está nele "como o espinho na ferida" e que, ao mesmo tempo, só deseja ser da raça universal dos oprimidos, não abandonou o império da consciência infeliz. Um passo a mais e a negritude desaparecerá completamente: o que era a ebulição ancestral e misteriosa do sangue negro, o próprio negro converte em acidente geográfico, no produto inconsistente do determinismo universal:

É tudo isso clima extensão espaço
criando o clã a tribo a nação
a pele a raça dos deuses
nossa dessemelhança inexorável?

Mas o poeta não tem inteiramente coragem de retomar por sua conta essa racionalização do conceito racial; vemos que se limita a inquirir; sobre a sua vontade de união transparece um amargo pesar. Estranho caminho: humilhados, ofendidos, os negros escavam no âmago de si próprios para reencontrar o mais secreto orgulho, e quando afinal o encontram, tal orgulho contesta a si mesmo: por uma generosidade suprema, abandonam-no, como Filocteto abandonou a Neoptólemo seu arco e flechas. Assim o rebelde de Césaire descobre no fundo do coração o segredo de suas revoltas: é de raça real.

> É verdade que em ti há algo que jamais pôde submeter-se, cólera, desejo, tristeza, impaciência, por fim desprezo, violência... e eis tuas veias carreando ouro e nunca lodo, orgulho e nunca servidão. Rei tu foste Rei outrora.

Mas repele imediatamente essa tentação:

> É lei que eu envolva com uma cadeia sem fratura até o confluente de fogo que me volatiliza que me depura e me incendeia por meu prisma d'ouro amalgamado... Perecerei. Mas uno. Intacto.

É talvez essa nudez última do homem despojando-se dos ouropéis brancos que mascaravam sua couraça negra para, em seguida, desfazer e repelir a própria couraça; é talvez essa nudez sem cor que melhor simboliza a negritude; pois a negritude não é um estado, mas é puro ultrapassamento de si mesma, amor. No momento em que renuncia a si própria é que ela se encontra; no momento em que aceita perder é que ela vence: ao homem de cor, e somente a ele, é possível pedir que renuncie ao orgulho de sua cor. É ele quem caminha sobre uma crista entre o particularismo passado que acaba de galgar e o universalismo futuro que constituirá o crepúsculo de sua negritude: quem vive até o fim o particularismo para nele encontrar a aurora do universal. E, sem dúvida, o trabalhador branco também toma consciência de sua classe a fim de negá-la, pois deseja o advento de uma sociedade sem classes: mas, ainda uma vez, a definição da classe é objetiva; resume apenas as condições de sua alienação; ao passo que o negro encontra sua raça no fundo do coração e é esse coração que deve arrancar. Assim a negritude é dialética; não é só nem sobretudo a culminação de instintos atávicos; configura o ultrapassamento de uma situação definida por consciências livres. Mito doloroso e cheio de esperança, a negritude, nascida do mal e grávida de um bem futuro, é viva qual uma mulher que nasce para morrer e sente a própria morte nos instantes mais ricos de sua vida; é repouso instável, fixidez explosiva, orgulho que renuncia a si próprio, absoluto que se sabe transitório; pois, ao mesmo tempo que é anunciadora de seu movimento e de sua agonia, permanece a atitude existencial escolhida por homens livres e vivida absolutamente até a lia. Por ser essa tensão entre um passado nostálgico em que o negro não mais penetra e um porvir em que ela cederá lugar a novos valores, a negritude torna-se de uma beleza trágica que não obtém expressão senão na poesia. Por ser a unidade viva e dialética de tantos contrários, por ser um complexo rebelde à análise, apenas a unidade múltipla de um cântico e essa beleza fulgurante do poema, que Breton chama "explosivo-fixa", podem manifestá-la. Uma vez que toda tentativa de conceitualizar seus diferentes aspectos terminaria necessariamente revelando sua relatividade, quando ela é vivida no absoluto por consciências reais, e, por ser o poema um absoluto, somente a poesia permitirá fixar a face incondicional dessa atitude. Por ser uma subjetividade que se inscreve no objetivo, a negritude deve tomar corpo num poema, isto é, numa subjetividade-objeto; por ser um arquétipo e um valor, encontrará o seu símbolo mais transparente nos valores estéticos; por ser um chamado e um dom, só pode fazer-se entender e oferecer-se por meio da obra de arte que é apelo à liberdade do espectador e generosidade absoluta. A negritude é o conteúdo do poema, é o poema como coisa do mundo, misteriosa e aberta, indecifrável e sugestiva, é o próprio poeta. Cumpre ir ainda mais longe; a negritude, triunfo do narcisismo e suicídio de Narciso, tensão da alma para além da cultura, das palavras e de todos os fatos psíquicos, noite luminosa do não saber, escolha deliberada do impossível e disso que Bataille chama o "suplício", aceitação intuitiva do mundo e recusa do mundo em nome da "lei do coração", dupla postulação contraditória, retração reivindicante, expansão de generosidade, é, *em essência*, *Poesia*. Por uma vez ao menos, o mais autêntico projeto revolucionário e a poesia mais pura brotam da mesma fonte.

E se o sacrifício, um dia, consumar-se, o que acontecerá? O que acontecerá se o negro despojando sua negritude em proveito da revolução não quiser considerar-se senão como proletário? O que acontecerá se não se deixar mais definir senão por sua condição objetiva? Se ele se obrigar, para lutar contra o capitalismo branco, a assimilar as técnicas brancas? Estancará a fonte da poesia? Ou, apesar de tudo, tingirá o grande rio negro o mar em que se lança? Não importa: a cada época sua poesia; em cada época as circunstâncias da história elegem uma nação, uma raça, uma classe para retomar o facho, criando situações que só podem exprimir-se ou superar-se pela poesia; e ora o ímpeto poético coincide com o ímpeto revolucionário, ora divergem. Saudemos hoje a oportunidade histórica que permitirá aos negros

> com tal vigor gritar o grande grito negro que os alicerces do mundo sejam abalados[10].

10 A. Césaire, op. cit., p. 156.

Este livro foi impresso na cidade de São Bernardo do Campo,
nas oficinas da Paym Gráfica e Editora, em setembro de 2025
para a Editora Perspectiva.